台湾民主化の闘士

謝長廷と台湾と日本

元産経新聞台北支局長
河崎眞澄

産經新聞出版

まえがき――平和こそ国際社会の「核心的利益」

「平和こそが国際社会における核心的利益だ」。２０２３年1月22日、都内の明治記念館で開かれた特定非営利活動法人、育桜会の新年会で、あいさつに立った台湾の駐日代表、謝長廷はあえて、「核心的利益」との言葉を使って、語気を強めた。

この「核心的利益」は、中国で習近平《しゅうきんぺい》が２０１２年11月に共産党総書記に就任して以来、ことあるごとに使ってきた。中国が自らの領土の一部だと主張している台湾や沖縄県の尖閣諸島などをめぐり、一歩も譲歩する余地がないとの意味を含んでいる。

だが、自由と民主主義、基本的人権を尊重し、法が支配する普遍的な価値や国際法に基づく国際秩序を擁護する社会に属する台湾も日本も、誰もが心から願うのは戦火にまみれることのない「平和」だ。これを「核心的利益」といわずに、なんというのか。

謝長廷のこの発言はおそらく、前年末12月30日に習近平とロシア大統領、プーチンが行ったオンライン会談を意識している。習近平は「互いの『核心的利益』をめぐる問題で手を携えて外部勢力の干渉に抵抗せねばならぬ」と、共闘姿勢をアピールした。

2022年2月24日、ロシアが国際社会の反発を跳ね除けて、ウクライナに軍事侵攻した。このときの衝撃から東アジアでもいつ、中国人民解放軍が海峡を渡って台湾に侵攻しても不思議ではないとして、「台湾有事」勃発への危機感が広がった。一方、台湾有事が万一、勃発すれば、地政学的にみて日本も当事者となることは避けられない。

ロシアの軍事侵攻後、人々が口にし始めたのは、「今日のウクライナは明日の台湾。今日のプーチンは、明日の習近平」だ。あらゆる権力を一人に集めた強権主義国家が、その一人の思想や判断のみで行動する。国際社会との協調や連携も一切、無視だ。

戦後長く続いた東西冷戦の時代、対立の最前線は西欧と東欧の長い国境線と、東西に分断された東ドイツ域内の都市、ベルリンだった。だが1991年のソ連崩壊から30年あまり。世界地図を眺め直すまでもなく、軍事緊張が続いたかつての最前線は、ロシアと中国、そして北朝鮮に囲まれた台湾と日本、そしてその周辺に移っていた。

習近平は近くモスクワを訪問し、プーチンとの会談に臨む見通しだ。一方、この2人がそろって敵視する国際社会、とりわけ民主主義の価値観を共有する先進7カ国（G7）は2023年5月、議長国日本がリードして世界初の被爆地、広島でG7首脳会議を行う。

ウクライナや台湾、南シナ海や東シナ海、尖閣諸島など、周辺での軍事行動を正当化し、強権主義を振り回す大国、中国とロシアからの攻撃を、G7と国際社会はどう防衛すべきなのか。

欧州や米本土まで弾道ミサイルを到達させる技術力を得た北朝鮮の暴走は、はたして防げるのか。中国にロシア、北朝鮮。いずれも核保有国であることを忘れてはならない。まさに新たな冷戦構造が、地球規模でくっきりと浮かび上がっている。

いまこそ、世界共通の誰もが求める心穏やかな「平和」が「核心的利益」でなければならず、あらゆる紛争や武力行使を拒否し、抑止し、防御するために国際社会は、直ちに連携しなければならないと、謝長廷は日本で、この表現をあえて強調したのだ。

育桜会新年会の3日後、2023年1月25日にも謝長廷は、出演したインターネット番組「台湾ボイス」でも、「国際平和こそ核心的利益だ」との考えを述べた。そして「日本と台湾は運命共同体であるだけでなく、平和共同体でもある」と主張を展開した。

この番組は、国際政治学者の藤井厳喜と日米台関係研究所理事の林建良《りんけんりょう》との鼎談《ていだん》形式で進行した。番組の終盤に、謝長廷は、「憲法で定められた平和主義の日本こそ、世界平和のリーダーとして前向きに行動してほしい」と訴えた。さらに「日本には、自信をもって堂々と平和主義を追い求めていただきたいが、力なき平和主義は悲劇だ。台湾や国際社会と団結し、制裁も含め、実際に行動するリーダーになることを期待している」と話した。まさに、力なき平和主義は悲劇、だろう。

陸海空の防衛装備やサイバー空間、宇宙空間の防御態勢、自衛隊と海上保安庁の陣容、民主主義陣営との同盟関係、外交力、経済力といった国家の総合的なハードパワーで、日本は強権主義国家に大きく見劣りする。法的な規制や旧態依然とした世論に縛られたままで「口だけ平和主義」を唱えたままなら、もはや「平和」など保てまい。

そうした中で岸田文雄政権は防衛体制強化に踏み切った。広島G7サミットで日本が率先して民主主義国家の連携と、強権主義国家からの脅威に立ち向かう決意を示すことに、日本との「平和共同体」である台湾の立場で、謝長廷は強い期待感を示した。

台北駐日経済文化代表処の代表という肩書の謝長廷は、実質的には台湾の駐日大使である。与党、民主進歩党の政権で首相職の行政院長を歴任した台湾を代表する政治人物のひとり。かくも高位の人物が台湾の駐日代表になったのは初めてだ。

2016年6月に就任して以来、日本と台湾との関係だけでなく、台湾にとって米国に並ぶ重要な国家である日本を舞台に、民主主義による国際社会との信頼関係や結びつきをいかに深めるか、大使の立場を超えて地球儀を俯瞰するレベルで腐心してきた。

謝長廷が行政院長の時代、産経新聞台北支局長として台湾報道を手がけていた時期から、私はこの人物に注目してきた。2000年5月に12年間の任期を終えて総統を退任した李登輝《りとうき》に続く、台湾の対日関係で欠かせぬキーマンになる、と考えてきた。

その李登輝に20年近く、さまざまな機会を得て取材を続け、同時に台湾や日本、米国や中国の関係者に聞いた数多くの証言や、極秘資料の発掘を経て、2019年4月から2020年2月まで産経新聞に「李登輝秘録」を連載した。この記事内容をさらに磨き上げ、書籍として『李登輝秘録』を2020年7月に、産経新聞出版から発行した。

発行日だった7月31日の前日、7月30日の夕刻に李登輝は台北市内の病院で97年間の人生に幕を閉じた。この書籍は、同じ書名で2021年7月、台北の前衛出版社から中文翻訳版が発行され、台湾の読者にも幅広く読んでいただけたのは幸いだった。

さらに2021年9月、念願がかない、謝長廷の実像を伝える産経新聞の連載「話の肖像画」を、29回にわたって書く幸運に恵まれた。この連載をベースに、掲載後1年半に起きた激動をめぐり、謝長廷の見解を新たに取材して加筆修正したのが本書だ。内容や体裁を変えながらも、台湾で近く中文版が出版される予定となっている。

戦後、台北に生まれた謝長廷は台湾大学卒業後、京都大学大学院に留学。博士課程修了後、当時なお、強権主義的色彩の濃かった台湾に戻って弁護士になった。弾圧されていた民主活動家らの弁護を通じ、台湾民主化への闘志を燃やし始めた。

日本が高度経済成長を経てバブル経済に向かって浮かれていた時期、1987年7月まで、実に38年間にわたって台湾で憲法停止の戒厳令が敷かれ、民主化要求は過酷に断罪された。だがこの時期、文字通り「命がけ」で闘った数多くの人物が存在した。

歴史教科書は、ときに無味乾燥で、視点もあやふや。客観性や公平性に欠けることもしばしばだ。世界史の授業などは、歴史の積み重ねを考えず、年号や出来事の暗記だけに終わってしまうことがある。だが、その時代のカギを握っていた人物に軸足をおいて眺めなおすと、歴史は実のところ、息づかいまで感じさせる本当の真実を見せる。

民主主義は黙って天から降ってくるものでもなければ、そのまま未来永劫、保証されているしくみでもない。自らの手で自由と人権を守る社会をもぎ取り、それを守り、発展させていかねば、いつなんどき強権主義の独裁者たちに蝕まれるか、わからないのだ。

本書は、謝長廷という台湾の政治人物に焦点をあてながら、決して失ってはならない民主主義の貴重さを、日本や台湾、民主主義社会を求める世界の人々に訴えるために上梓した。なお、登場する人物の敬称は、原則として省略させていただいた。

河崎眞澄

２０２３年３月13日

出版によせて

この本の出版にあたっては、東京五輪・パラリンピックのことから話を始めなければなりません。

2021年7月、新型コロナウイルス感染症が拡大する中で東京五輪・パラリンピック大会を開催することについて、当時の日本社会は異議を唱える声も大きく、開催反対が3分の2近くを占めていました。

賛否両論の意見が交わされていた頃、私は開催支持の側に立つことを決めました。なぜなら、オリンピックは全世界の人々の一大イベントだからです。もし中止すれば、歴史に不名誉な記録として残ります。人類がウイルスに負けたことを意味するばかりか、長年頑張って準備をしてきた選手に対しても不公平です。

そこで私は外交官の立場でありながら、自分のフェイスブックなどソーシャルメディアを通して私自身の考え方を表明し、日本の友人や要人とお会いしたときにも開催の意義を説き、積極的に賛同を呼びかけました。本書の筆者である河崎眞澄さんはメディア界で大きな影響力を持つ方であり、私の考えをぜひ理解してもらいたい重要な対象の一人でした。

幸いにも最後に当時の菅義偉首相が目先の政治的利害にとらわれることなく、毅然と万難を排して開催されることになりました。大会の競技が進むにつれ、選手たちの素晴らしい活躍と心温まるエピソードが紙面を飾るようになると、オリンピック開催支持の民意も徐々に増えてきました。台湾の選手も過去最多のメダルを獲得することができました。結果から言えば、オリンピック開催は完全に正しい選択でした。

その開幕直後に河崎さんから産経新聞で私の長編インタビューを連載したいという申し出を受け、２０２１年9月1日から始まった「話の肖像画」第1回は「東京五輪開会式『台湾です！』に歓声」という見出しになりました。

河崎さんは、産経新聞の元台北支局長であり、台湾情勢に精通し、文章は滑らかで、観察眼も鋭く、河崎さんが以前執筆した『李登輝秘録』は、李登輝元総統と夫人や台湾の各界からも高く評価されました。また、河崎さんは２００５年頃に台湾で何回も私をインタビューしたことがありますので私の歩んできた道や考え方を非常に深く理解されています。

私が駐日代表に着任してからも、たびたび会いに来られ、さらに共通の友人である松下政経塾の江口克彦先生（元参議院議員）を通じてお会いする機会もあり、よく意見交換をしていました。

産経新聞で「話の肖像画」の連載が始まって以来、反響が大きく、私が日本各地を訪問するたびに、会う人から「インタビュー記事を読みました」「感動しました」というお言葉を聞きました。その後、河崎さんから本にしませんかと相談されましたが、連載全29回の文字数合計は5万字足らずで一冊の本にするにはボリュームが足りず、しかも連載の時から今日まで、日本や台湾、さらには世界でさまざまな出来事がありました。

このため、もしそのまま出版すれば過去の書物になってしまうのではないかと何度も心配になりました。しかし、東京国際大学に移って教鞭を執るようになった河崎さんの熱意により、連載終了後の1年間あまりで発生したウクライナ戦争、緊迫する台湾海峡情勢、安倍晋三元首相の逝去とその後の出来事などを迅速に取材、加筆していただき、こうして本書が出来上がったことに、深く感謝しています。産経新聞と産経新聞出版のみなさまのおかげでもあります。

安倍晋三元首相は、世界的に知られている偉大な政治家であり、台湾に最も友好的な日本の首相でした。私も安倍元首相とはかなり前からお付き合いがあり、安倍元首相のご母堂である洋子さんは4年連続で我が国の国慶節レセプションに出席されました。安倍元首相がこの世を去ったことは、本当に悲しいことでした。私は国葬儀と県民葬に参列し、２０２３年1月には台湾総統が追贈した勲章を昭恵夫人に代表して受け取っていただきました。本書にはこうした最新の動きも加筆され、不足感や心残りはありません。

さらに、私がここ2カ月の間に提唱し始めていた「平和こそ国際社会の核心的利益」という理論に河崎さんが注目し、あえて「まえがき」の中で書いてくださったことは大変有難いことでした。私は台湾で政治に取り組む基本的理念として「共生」を基礎として考えており、これまでに「和解と共生」、「運命共同体」などの理論を提唱してきました。

2016年6月に駐日代表として着任し、広島と長崎を訪れ、実際に原子爆弾の悲惨な結果を自分の眼で確かめ、沖縄では24万もの人々が壮絶な戦場で亡くなった地獄のような現場も見て、私は平和こそが世界の核心的利益であり、それは一歩も譲れない利益なのだと確信しました。

しかもグローバル化により緊密に世界がつながる今日において、いかなる場所での戦争も世界に甚大な影響を与えます。だからこそ、一人一人が世界平和を守っていく責務があるのです。世界平和があってこそ初めて自国の平和がある、これも「平和共同体」の意義です。幸いなことに民主主義国家間では、徐々に共通認識となりつつあります。最近、「台湾有事は、すなわち日本有事」が大きな話題となっていますが、それでも一番多く使われているキーワードはやはり「平和」なのです。

菅義偉前首相が日米首脳会談で言及した「台湾海峡の平和と安定」から、最近のNATO（北大西洋条約機構）事務総長と岸田文雄首相の共同声明に至るまで、すべて「平和」が強調されています。日米首脳会談では毎回両岸問題の平和的解決に言及しています。「平和」は人々の共通言語であり、努力して進めていけば、必ず広がるものです。覇権主義国家の国民であっても、戦争がもたらす悲惨な結末を知り、自分たちの子孫が死ぬかもしれないと思えば、「平和を守る」ことを支持するようになるでしょう。

「平和こそ核心的利益」という私の考え方を文字化したのは本書が初めてです。この考えを書いていただいたことによって、台湾民主化の歴史や、駐日代表としての記録にとどまらず、本書が台湾と日本を舞台にした世界平和を守るための行動宣言にもなったことが、何よりうれしく思います。

平和とは愛と力が合わさったものです。戦争も投降も選択肢ではありません。人々に共通の意志があれば、世界平和の希望はあると私は楽観的に信じています。なぜなら、今日、台湾海峡が急に世界から注目され、緊張がエスカレートしている主な要因は、中国共産党の習近平総書記が台湾に対する武力統一の立場を放棄せず、たびたび台湾に攻め込む準備ができている姿勢を見せて、多大な不安と対立を引き起こしているからです。

しかし、このような対立は中国大陸の外国資本の撤退と経済発展の停滞を招き、国際的活動も段々と大きな影響を受けることになります。中国が国連憲章に基づいて紛争解決し、両岸問題の解決に武力使用を放棄すると宣言すれば、すべてが徐々に平和的かつ正常な状態に戻ることができます。これこそが両岸の人々ならびに世界が期待することではないでしょうか。

これは実現不可能な夢ではありません。思い出してもらいたいのは、中国は2022年12月まで新型コロナウイルスを封じ込めるゼロコロナ政策を堅持していましたが、民衆の怒りの高まりと経済失速を招き、一念発起してゼロコロナを放棄し、国境を開き、行き詰まりを打破したのです。台湾の武力統一についても同じことが言えると思います。中国大陸の人々が戦争による人命の損失、経済の破壊、その後も延々と続く制裁と対立といったコストの大きさを理解すれば、きっと民意も変化し、指導者も考え直して平和的に歩むようになると信じています。

ここで改めて、これまでお目にかかった数多くの日本の友人のみなさまに深く御礼を申し上げます。一人でも多くの日本の人々がこの本を通して紆余曲折を経た台湾政治の民主化の歩みを知り、平和の重要性を感じて、共に世界平和を守る行動に加わることを心より願っています。

2023年3月19日　東京・白金台にて

謝　長　廷

謝長廷（しゃ・ちょうてい）　略歴

1946年、台北市生まれ。台湾大学法学部在学中、司法試験に合格し、1971年に卒業。日本の国費留学生として、1972年4月、京都大学大学院法学研究科に進む。1974年に修士号、1976年に博士課程修了。台湾に戻って弁護士となり、民主活動家らを弁護し、支援した。台湾で初の野党、民主進歩党（民進党）を1986年に極秘で結成した創設メンバーのひとり。立法委員（国会議員）や高雄市長（閣僚級）を経て、2005年には陳水扁政権で行政院長（首相）に就任した。2008年に民進党の候補として出馬した総統選では、中国国民党の馬英九候補に敗れた。2016年6月から現職。知日派の重鎮。

台湾民主化の闘士　謝長廷と台湾と日本

◈目次

第1章 福島食品は「核食」ではない！「福食」だ

第2章 駐日代表の歓喜と苦悩

第4章

日台１００年の絆

第5章

李登輝と謝長廷

台湾台中市・東海大学日本地域研究センター主任 陳永峰氏に聞く

第6章

台北で生まれ育ち、いざ京都へ

第7章　台湾民主化の闘士、弁護士編

第8章　台湾民主化の闘士、政界編

第1章

福島食品は「核食」ではない！「福食」だ

なにをモタモタしてるんだ！　李登輝の怒号

「なにをモタモタしてるんだ！」２０１８年6月25日、那覇空港ロビーの貴賓室に怒りの声が爆発した。声の主は台湾元総統の李登輝。このとき95歳。２０００年5月に総統を退任してから9回目となった訪日を終えて台湾に帰国するフライトを、夫人の曽文恵《そうぶんけい》や関係者とともに待っていた。サングラスをかけた李登輝には「ボス」の風格があった。

怒号が向けられた先は台湾の駐日代表、72歳の謝長廷。李登輝は当初、見送りに来た日本側の関係者への配慮から、にこやかに日本語で話していた。ところが話題が福島県など5県産食品に対する台湾の輸入禁止措置について及んだとたん、台湾の地元のことば、台湾語に切り替え、同席していた謝長廷に鋭い視線を向け、怒鳴り上げた。

すぐ隣に座っていた元参議院議員の江口克彦（一般財団法人東アジア情勢研究会理事長）は、李登輝の激昂に息をのんだ。台湾語の話の意味はよく分からず、しばし会話に入ることもできなかった。だが後で聞けば、李登輝は、科学的根拠に基づいて、当時すでに安全性が確認されていた福島など5県産日本食品を、なぜ台湾はなおも輸入再開しないのか、怒り心頭に発していたのだった。

2011年3月11日の東日本大震災。東京電力福島第1原発事故による放射性物質漏洩を受け、台湾の行政院衛生署（衛生省）は3月25日、福島や茨城、栃木、群馬、千葉の5県産食品の輸入を停止していた。その後、2018年6月の時点で、7年以上も禁輸を続けていたのは中国と韓国、台湾などわずか。多くの国が科学的根拠に基づき解禁していた。

震災当時、台湾は2008年の総統選で勝利し、政権を奪還していた中国国民党の馬英九《ばえいきゅう》政権。日本側はさまざまな科学的根拠を提示し、政財界のあらゆるルートを通じて台湾側に5県産食品の輸入再開へ検討を求めていた。だが国民党政権は、中国の共産党政権と足並みをそろえていたのか、頑として一歩も譲らず、日本と台湾の関係には、あらぬ歪も生じ始めた。

膠着状態が続く中、2016年の総統選で再び政権交代が起き、総統に民主進歩党の蔡英文《さいえいぶん》が5月に就任。その翌月に行政院長（首相）経験者の謝長廷が駐日代表に着任したことから、日本側は輸入解禁への希望を膨らませていた。だが、この政権交代から2年を経た2018年の段階で、なおも解禁の兆しすらなかったことに、李登輝は苛立っていた。

むろん李登輝は、野党の国民党が強硬に反対する問題を、駐日代表の立場で容易に覆すことなどできないことは承知の上。それでも、総統現役時代から日本や米国との関係を外交の最優先に据えてきた李登輝にとって、民進党政権が内政の混乱に足をすくわれて、台湾の存亡にもかかわる対日関係の悪化を防げないことが情けなかった。

李登輝の懸念をよそに、国民党などはその翌月、2018年7月に輸入規制の継続を求めて住民投票に訴える手続きに入った。地方統一選と同時に行われた11月25日の投票で、福島など5県産の食品輸入規制で「継続賛成」が多数となった。台湾で住民投票が成立したのは初めて。2年間は投票結果と異なる政策が実施できなくなった。

この住民投票が「継続賛成」で成立した背景には、国民党など反対派による「核食（放射性物質に汚染された食品）」キャンペーンの影響が大きい。同時に、規制を緩和しようとしていた民進党の蔡英文政権を、国民党が「媚日《びにち》だ」などと根拠なく非難したことも、有権者を混乱させた。福島など5県産食品は「政争の具」になっていた。

住民投票を提案した国民党は、日本が輸出する食品が検査済みで、科学的な根拠があることを何ら説明せず、不安感だけをあおった。この住民投票の結果が、台湾が模索していた環太平洋連携協定（ＴＰＰ）加盟などでの日本の協力にブレーキをかけたことは否めない。日本には「台湾も結局、中国や韓国と同じだ」との失望が広がっていた。

那覇空港ロビーの貴賓室に話を戻す。江口克彦はなかなか怒りの収まらなかった李登輝に、「総統、謝長廷大使は政治家としてひたすら、ただひたすら真剣に対日関係の発展に向けて努力されています。これまでの大使以上に、日本各地で国民の間に入っていこうとする姿を、みな知っています」と言葉をかけ、ようやく場を和ませたという。

江口克彦はこのとき、李登輝が謝長廷のことを「駐日代表ではなく、行政院長とみていた」と感じた。首相まで務めた男がなにをモタモタしている、との焦りと祈りが入り混じった思いだった。それも謝長廷への強い信頼あってこそ。李登輝基金会の最高顧問まで任せた江口克彦の助け舟に、李登輝は笑顔を取り戻して、再び日本語に切り替えた。

那覇空港ロビーの貴賓室で李登輝夫妻の話に耳を傾ける謝長廷＝2018年6月25日（江口克彦提供）

福島など5県産の食品輸入規制で「継続賛成」が多数となった住民投票の成立から2年を経た2020年12月5日、謝長廷の姿は台北にあった。台湾メディアの記者に囲まれ、質問は「核食の解禁」と「台湾のTPP加盟」の2点に集中した。福島など5県産の食品輸入さえ解禁すれば、台湾はTPPに加盟できるのか、との安易な問いもあった。
謝長廷はこのとき、明確な4点の答えを示した。輸入を解禁するかどうか、①最優先されるべきは台湾の人々の健康と安全を守ること。輸入食品だけでなく国内産でも、流通経路や保管、食品提供の仕方など、食をめぐるありとあらゆるケースにおいて、健康と安全に最大限の関心を払い、厳しい目を向けるのは、どの国であっても当然のことだ。

次に、放射性物質に汚染されているのかどうか、②科学的な根拠で明確に調査されなければならないという点。その結果、③安全性がはっきり証明されたなら、「核食」などではなく、人々に幸福ももたらす「福食」である、という点だ。そうした④論理的な判断なしに禁輸を続ければ、輸出入基準で先進国レベルにあるとは言えない、と指摘した。

台湾にとってTPP正式加盟への道は、国際社会に存在感を示す意味でも、輸出入を含む経済政策で国際水準に達していることを示す意味でも、大きな価値がある。不安感を煽った感情論で、政争の具にされた福島など5県産食品に対する禁輸を、台湾が冷静な判断で正常な軌道に戻すのは、国益にも民意にもかなう、との考えだった。

汚染なき福島県産の食品は「福食」だ

（初出　２０２１年９月10日付、産経新聞朝刊）

《日台関係は深まったが台湾はいまだに、福島県産などの日本食品輸入を禁じている（その後、２０２２年２月８日に蔡英文政権が、福島、茨城、栃木、群馬、千葉の５県産食品の輸入禁止措置を解除すると発表し、約11年ぶりに輸入解禁にこぎつけた）》

11年３月に起きた東日本大震災での東京電力福島第１原発事故を受けて、台湾でこのとき執政党だった中国国民党の馬英九政権が輸入禁止措置をとった。その後、16年１月の総統選挙で再び民主進歩党（民進党）に政権が交代したが、輸入の解禁は残念ながら政治問題化したままだ。

民進党政権は解禁に前向きだった。しかし18年11月に、野党の国民党が主導した住民投票で禁輸継続が賛成多数になってしまった。解禁反対派が福島県産など日本食品に「核食」とレッテルを貼って放射能汚染食材であるかのように、フェイクニュースを流したこともある。

過去に台湾で、食用油など食品安全問題が起きたことがあり、恐怖感をあおられた投票で、禁輸継続が賛成多数に。20年には、蔡英文政権が米国産豚肉の輸入解禁を決めたことに国民党など野党が猛反発し、立法院（国会に相当）で野党議員がブタの内臓を投げつける混乱まで起きていたことなども、影響したかもしれない。

《なぜ解禁反対派は、そこまで政治問題化させるのか》

私は科学的見地から、正しい食品安全検査を行って決めるべきだと主張してきた。理性的判断が必要で、政治問題化させたままでは、日台関係の順調な発展にも影を落とす。

ただ、一部には台湾と日本の密接な関係を分断させようとする勢力があることも事実だろう。食品のみならず、新型コロナウイルスで日本政府からのワクチン無償供与や、福島第1原発からの海洋排水をめぐっても、強烈な批判が繰り返されたのは残念だった。

台湾も日本も安全と安心が第一で、その基準のクリアは当然だ。しかし、政治目的で日台分断を図る動きがあるとすれば危険だ。科学的根拠が希薄なまま批判する勢力をもっと警戒しないと、日本に対する姿勢で中国と同じ立場に陥ってしまうだろう。中国の対日戦略に乗っているのかもしれない。

《解禁に前向きな民進党政権はこの先、どう動くのか》

18年の住民投票の結果を守らねばならない期限は経過しており、見直しを進めている。

震災発生直後、世界で50を超える国と地域が、福島県産などの食品輸入を禁じたが、震災から（インタビューの時点で）10年が経過したいま、いまも禁輸を続けているのは中国と香港、マカオ、韓国など、わずかしかない。その中に台湾が含まれているのだ。

私は東京・白金台の台北駐日経済文化代表処のすぐ近くにあるスーパーで、福島県産の野菜などをみつけては購入して食べている。産地がラベルで分かる写真を、ソーシャルメディアに投稿したこともある。

解禁反対派がなおも主張してレッテルを張っている「核食」などではなく、放射能汚染なき福島県産の食品は「福食」だと私は訴えている。

台湾では春節（旧正月）の飾りなどで、「福」という文字をよく使う。「福が来る」ことを、誰もが心待ちにしている。もちろん人々の健康と安全が最優先だが、理性的な正しい判断が重要だ。政治的な困難を乗り越えて、解決を急ぎたい。

《巨額の義援金を送ってくれた台湾が、なぜ禁輸を続けるのか首をかしげた人も多い》

科学的根拠に基づかない感情的な輸入解禁反対論は、東北の被災者の方々の心情を傷つけることにもなる。日台が震災など自然災害のたびに、互いに支援をしてきた「善の循環」がしっかりと回るよう、私も全力を尽くしていく。

「日本の活力は地方にこそある」

このインタビュー記事から5カ月を経て、2022年2月21日、台湾の行政院衛生福利部（衛生省）は、福島など5県を対象に課してきた日本産食品の輸入禁止措置を原則解禁するとの公告を発表し、同日付で発効した。東日本大震災から11年。道のりは平坦ではなかったが、「核食」のレッテルは払拭され、「福食」が台湾の食卓に上るようになった。

謝長廷が心を砕いてきたのは、日本各地の地方に目を向けた関係拡大だ。「2016年6月に着任してから福島県には10回は訪問している」という。東京・白金台にある台北駐日経済文化代表処の応接室には、2022年11月に来訪した福島県議らの土産「赤べこ」が4つ飾ってあった。「日本の活力は地方にこそある」と謝長廷は考えている。

日台の自治体どうし、提携関係は急加速

（初出　２０２１年９月８日付、産経新聞朝刊）

《駐日代表に就任して４年あまり（２０２１年９月の記事掲載当時）。日台関係に変化は》

地方自治体どうしで日本と台湾の関係が深まったことが大きい。個人的に感慨深いのは、留学先で母校の京都大学がある京都市と台湾の結びつきだ。

21年６月30日には京都市の門川大作《かどかわだいさく》市長とともに、オンライン方式で行った台南市との交流推進協定の締結式に臨んだ。京都市は近く、高雄市との友好関係も結ぶ予定だ（９月10日に両市は都市間提携として「高雄協定」を締結）。私は高雄市で１９９８年から２００５年まで市長を務めた。

日本統治時代の台湾で、１９２０（大正９）年に命名された高雄市だが、それ以前の地名と発音が近いとして、名称を京都市にある紅葉の美しい高雄町から取ったとされている。

台湾側の記録では、京都市と高雄市で日台の自治体どうしの友好関係は、（21年９月の時点

で）計137件になった。私が着任した16年には61件だったことを考えると、日台の地域と地域の結びつきはずいぶん広がった。地方の議会どうしの友好関係も進んできた。高雄市議会は横浜市議会との友好関係を結んでいる。

《地域どうしの日台関係がここ数年で加速した背景は》

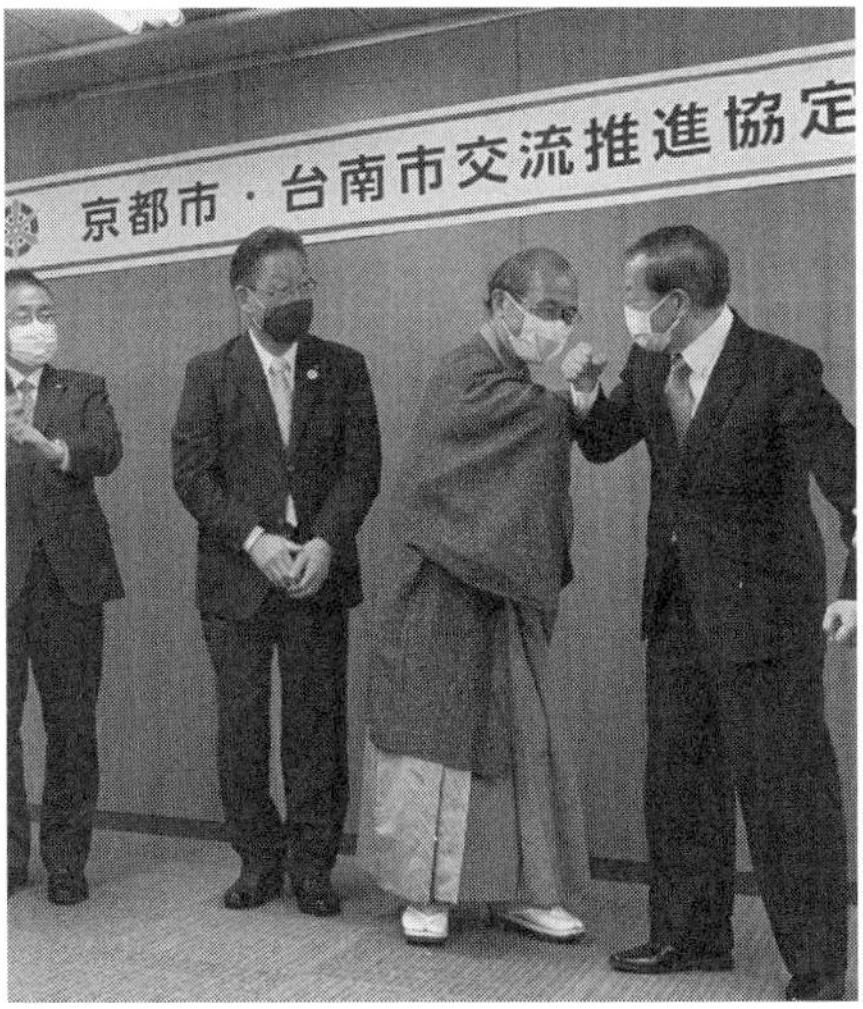

台南市とオンラインで結んだ「交流推進協定」締結式に臨んだ京都市の門川大作市長（右から2人目）と謝長廷（右端）＝2021年6月30日

日本と台湾は残念ながら国と国の外交関係はなく、自治体どうしも正式にはなかなか関係を築きにくいという事情があった。

ただ、11年3月の東日本大震災で、台湾から官民の救援や200億円をはるかに超える義援金が寄せられたことで、日本の各地で台湾への理解の裾野が広がったのだろう。友好関係での障壁が徐々に低くなったと感じている。

自治体や議会のみならず、鉄道や温

泉地など、日台を結ぶ草の根の関係も増えている。

ここで忘れてはならないのは、日本は先進的な民主主義国家だということだ。日台の地域どうしの関係が進んで、互いの理解が深まっていけば、地方の民意がやがて日本の国会や中央の政策にボトムアップされ、大きな影響を与えることも考えられるからだ。

《地震や水害などで日台双方が支援しあう関係もある》

日本と台湾の間で相互支援が続く関係を、私は「善の循環」と考えているが、その循環が大きく回り始めた契機は1999年9月に台湾中部で起きたマグニチュード（M）7・6規模の大震災だったと思う。このとき南部の高雄市も大きく揺れた。一方で中部地区での救援や支援に力を注ぎ、高雄市民らから25億円相当を届けた。

この震災当日に、海外から被災地に真っ先に入った日本の救援隊や、その後、届けられた日本からの仮設住宅などを目にして、本当にありがたかった。だからこそ東日本大震災のときには、台湾の数多くの人が日本に恩返ししたかったのだと思う。民進党だけで約3億円の義援金も集めた。

《信頼関係も深まった》

台湾では古くから、「ひと口のご飯の恩は一石《いっこく》にして返す」との言い伝えがある。大人ひとりが1年に食べるお米の量を表す「一石」との表現は例えだが、恩義を決して忘れてはいけないという思いが伝統的に根付いている。

駐日代表に2016年6月に着任して最初の仕事は、4月に起きたばかりの熊本地震の被災地訪問だった。台北大同ロータリークラブが作成した「一人じゃないもん、頑張れ熊本」と日本語で書かれた「くまモン」の絵や、台湾からの義援金を持参した。いざというときの「お互いさま」の心を、台湾と台湾人は忘れたことはない。

台湾人の心情としては、家族や家族のように付き合っている人たちが災害などに巻き込まれたとき、助けにいかないとむしろ自分が不安になる。家族どうし、あたりまえのことだが、そういう気持ちで台湾人は日本のことをみている。

駐日代表ポストの受諾まで考えていた元総統

謝長廷が日本の地方を重視するのは、インタビューにもあるように、外交関係なき台湾と日本が、双方の関係を補うには自治体どうしの交流拡大が欠かせないとの考えに基づく。着任後、駐日代表として47都道府県すべてに足を運び、地方を起点としたさまざまな日台交流の場を作ってきた。地方にこそある日本らしさにも、魅せられている。

「民主主義国家は、国民の幅広い声や各地の有権者による投票行動が、まさに下から上（政府）を動かす。だが独裁国家は上から下への一方通行だ。日本では草の根の交流がやがて、国全体を変える力になる。台湾と日本は互いに、友好関係の基礎は地方にある」と謝長廷は繰り返した。民主主義の価値を共有する日台の根幹がここにある。

李登輝による2018年6月の沖縄訪問は、大東亜戦争での台湾出身の戦没者慰霊祭への出席のためだった。95歳の李登輝は当時、体調も芳しくなく、渡航にはドクターストップがかかっていた。それでも李登輝は、「行かねばならぬ」と医師団や家族を説得した。このとき謝長廷は慰霊祭にも参加し、私も同行取材して表情を見届けた。

台湾出身の戦没者慰霊祭　李登輝元総統ら参列　沖縄・糸満

（初出　２０１８年６月25日付、産経新聞朝刊）

来日している台湾の李登輝元総統（95）は24日、沖縄県糸満市の平和祈念公園で行われた台湾出身戦没者の慰霊祭に参列した。李氏自身による「為国作見證（公のために尽くす）」との揮毫《きごう》で、新たに建立された石碑の除幕式も行われた。

沖縄では、氏名が判明しているだけで34人の台湾出身者が大東亜戦争で犠牲になったとされ、２０１３年から慰霊祭が行われている。

日本の統治下にあった台湾から、日本兵として軍属含め全体で約20万人が出征、このうち約３万人が命を落とした。

24日夜、沖縄の「琉球華僑総会」が主催した晩餐会《ばんさん》で、李氏は日台間の交流拡大に触れた上で、「中国こそアジア情勢を最も不安定にしている要因で、『一帯一路』構想は野心に満ちた覇権主義的な計画だ」と強い警戒感を示した。（河崎眞澄）

沖縄県糸満市で行われた台湾出身戦没者の慰霊祭に参列した李登輝の話を真剣に聞く謝長廷の横顔（最前列右側、2018年6月24日、河崎眞澄撮影）

２０２０年７月30日に97歳で逝去した李登輝について、謝長廷はこう明かした。「総統退任後、李登輝先生は私に『駐日大使になって台日関係を推進する立場になることも、やぶさかではなかった』と話してくれたことがある」。総統経験者が駐日代表になるとは考えにくいが、それだけ李登輝は日本重視の外交姿勢を、常に政権側に求めていた。

「李登輝先生がここまで考えていた駐日代表のポストを、いま私は光栄にも務めさせていただいている。この任務に取り組む中で困難に直面するたびに、私は李登輝元総統だったらどのように対処されるか、と心の中で会話しながら進めてきた。現在の台湾と日本の友好関係は、まさに李登輝先生が残された大切な遺産だ」と話し、目を潤ませた。

李登輝の訪日は２０１８年６月の沖縄が最後になった。その最終日、６月25日に那覇空港から台北に向けて飛び立つ直前に叱責された福島など５県産食品の輸入解禁問題は、政治上の苦難を経ながらも４年近くで辛うじてクリアした。李登輝が存命なら、内心は「よくやった」と感じつつも顔にはださず、「まだまだだ」と厳しく言い続けるだろう。

第2章

駐日代表の歓喜と苦悩

新型コロナ禍での東京五輪と台湾

中国湖北省武漢市を感染源に２０１９年に確認された新型コロナウイルスの発生が、２０２０年にはまたたくまにパンデミック（世界的大流行）を引き起こし、感染症が国際社会を震撼させた。その深刻な影響で、２０２０年夏に予定されていた東京が舞台の夏季オリンピック・パラリンピックは、開催を1年延期するという前代未聞の事態に追い込まれた。

アスリートもコーチも、参加国・地域の関係者も、主催国日本の五輪関係者も日本政府も東京都も、観客もボランティアもホストタウンも、ありとあらゆる人々が混乱に見舞われた。さまざまな政治的問題点が指摘されてはいるが、それでも２０２１年7月に困難を乗り越えて開催にこぎ着け、無事に終了することができたことは、記憶に残る。

残念ながら現段階で、国連に議席を有しない、などの理由から、正常な独立国家とはみなされていない厳しい立場にある台湾にとって、国際社会にその存在感を示す重大な機会がオリンピック・パラリンピックの舞台だ。１９８1年に台湾は、国際五輪委員会（ＩＯＣ）との取り決めで、「チャイニーズ・タイペイ」という聞きなれぬ名称になった。

ただ、台湾人の五輪参加は、いまから１００年近くも遡る。１９４５年まで50年間続いた日本統治時代に出場した台湾台中市出身の張星賢選手が知られている。１９３２年の第10回ロサンゼルス大会、１９３６年の第11回ベルリン大会に「日本選手」として陸上競技に出場した。早稲田大学に進学していた時期、その身体能力を見込まれたという。

１９６４年の東京五輪には、「中華民国（Republic of China）」の名義で台湾チームが正式参加している。当時、日本は台湾の中華民国と正式な国交があった。中国国民党の蔣介石《しょうかいせき》政権が「中国の代表権を有する」としていた中華民国が国連原加盟国であり、安全保障理事国でもあった。余談だが１９７０年の大阪万博にも台湾は正式出展している。

１９７１年10月の国連決議で、国民党政権の中華民国が国連の議席を追われ、北京の中国共産党政権による「中華人民共和国」が国連加盟を果たし、台湾の命運は暗転した。一方で、１９４９年10月の建国から、１９７１年10月の国連加盟まで、現在の中国は国連に議席のない、現在の台湾と同じような国際的に孤立した立場だった。

台湾政財界の重鎮で、中台関係に重要な役割を果たした辜《こ》振甫《しんぽ》が逝去した後、２００５年１月５日付の産経新聞朝刊に、当時、論説委員長だった吉田信行が記した「辜振甫氏を悼む、歴史的使命果たした静の人」という追悼記事の中に、李登輝政権時代の対中ハイレベル交渉における貴重なエピソードが描かれている。

中台間でこれまでに最も高いレベルの接触になった一九九八年十月の北京における江沢民国家主席（当時）との会談で、両岸関係は分断統治の状態にあることを認めるべきだと迫ったことがある。頑として「統一しか認められぬ」と譲らぬ江主席に「それでは伺うが、そもそも統一とは分断状態にあるから出てくる言葉ではないのか」と、（台湾側を代表して訪中していた辜振甫氏は）二の矢を放って、しばし絶句させた。

これに先立つ銭其琛《せんきしん》副首相（同）との会談では、「国連に入っていないのでは（台湾は）国とは認められない」と、にべもない銭副首相に、「そうだとするなら一九四九年から七一年まで国連に入っていなかった時代の中華人民共和国は、あれは国ではなかったのか」と切り返した。（辜振甫氏は）いつも物静かな口調だったが、一方で、交渉相手には鋭利な論理の刃を遠慮なく突きつけた。

孫文《そんぶん》らが辛亥革命で清朝を倒し、1912年1月に成立した「中華民国」は、いわば「本家」だった。国共内戦で共産党軍に敗れて台湾に逃れたが、北京で1949年10月に成立した「中華人民共和国」は「分家」にあたる。本家を追い出した側の分家が、常に正しいとは限らない。東西冷戦時代は明らかに東側と西側に色分けされた分断国家だった。

ただし、中国国民党政権が戦後、台湾を支配し、中華民国という名の異文化を中国大陸から持ち込んだことに、台湾で生まれ、台湾で育った台湾人は長い間、弾圧され苦悩した。台湾は中華民国なのか、中華民国台湾なのか、台湾ではないのか。アイデンティティー（帰属意識）の混乱と、苦しい葛藤を強いられた。これは国際社会の責任だ。

国際法で定められた国家の4条件である①永続的住民、②明確な領域、③政府、④他国と関係を取り結ぶ能力、のすべてを兼ね備えているにもかかわらず、国連を脱退した後の台湾をしだいに「国家」とみなさなくなっていった国際社会にこそ、問題がある。

その一方、繰り返しになるが、こうした政治的に困難な現状の中、国際舞台に立つオリンピックへの登場は、台湾に暮らすすべての人々にとって誇らしい。チャイニーズ・タイペイという仮の名を使わざるを得ないとしても、「名を捨てて実を取る」ことの大切さを知っている。台湾を50年間、統治した日本は史実に鑑みて、責任を果たさねばならぬ。

東京五輪開会式「台湾です！」に歓声

（初出　２０２1年9月1日付　産経新聞朝刊）

《東京五輪でとりわけ２０２1年7月23日の開会式選手入場シーンが台湾で大きな反響を呼んだ》

あの日、東京・白金台の台北駐日経済文化代表処でテレビ中継を見ていた私は、同僚十数人とともに「ワーッ！」っと歓喜の声を上げて拍手し続けた。台湾チーム入場のとき、会場からの音声が英語で「チャイニーズ・タイペイ（中華台北）」と聞こえたが、そのすぐ後にＮＨＫの女性アナウンサーが、はっきりとした声で「台湾です！」と紹介してくれた。

《中国からの政治圧力で「台湾」の名では五輪参加が許されていない。国際五輪委員会（ＩＯＣ）との取り決めで、「チャイニーズ・タイペイ」との聞きなれない呼称になっている》

世界中どの地図にも「チャイニーズ・タイペイ」などという地名はない。日本の方々も、いったいどこの国かと首をひねっただろう。

ところが「台湾」といえば、誰もが知っている。選手入場のシーンを見ていた台湾の人々も、改めて日本が台湾を認めてくれたように感じたはずだ。「台湾です！」という日本語が、台湾では流行語になったことからも分かる。

ＩＯＣなどとの交渉で、１９８１年にこの呼称が決まった。「台湾」の名を使いたいと私も思うが、まず台湾のアスリートが五輪に参加できるかどうか。（名称で妥協することで）出場の権利を優先させねばならない。

《新型コロナウイルス禍で開催が1年遅れたが、台湾はバドミントン男子ダブルスと重量挙げ女子59キロ級で金メダルを得るなど過去最高の成績だった》

東京五輪とパラリンピックを無事に開催してくれた日本に感謝している。歴史上、前例のない難しい環境の中で、日本の関係者は困難を乗り越え、輝かしい舞台装置を作ってくれた。

無観客の試合会場には、代表団など関係者以外は入れなかったが、幸いにも私は台湾を代表する立場で観戦することができた。五輪の期間中、試合観戦に17回、選手の激励に３回出かけた。卓球の選手は「謝代表が来てくれたので心強い」と言ってくれた。

実は私も、中学から高校にかけて体操の選手だった。日本の国体にあたる台湾の大会では吊

2021年7月に開幕した東京五輪の競技会場で台湾チームを応援する謝長廷

り輪などの競技で活躍し、優勝したことがある。一時は五輪出場も夢見ていたほどだった。いまこうして日本での五輪で台湾チームを連日応援できたことで、夢はかなったと思っている。台湾には（中国の圧力など）困難な問題はあるが、夢と希望がある。スポーツには人々を結束させるすばらしい力があった。

「東京五輪」最多のホストタウンに感謝

（初出　２０２１年９月２日付　産経新聞朝刊）

《東京五輪で台湾のメダル獲得数は金２、銀４、銅６に》

台湾はすべての参加国・地域のなかで34位の成績で、アジアでは6位。今大会で台湾最初の金メダルは重量挙げ女子59キロ級の郭婞淳《かくこうじゅん》選手だった。彼女は台湾で「挙重女神（＝重量挙げの女神）」と呼ばれている。

試合中に2位の選手を引き離し、先に優勝が決まっていたが、最後に自分の最高記録にあえて挑戦した。ところが重すぎたのか、転んでしまって照れくさそうにしながら、笑顔を見せたのが印象的だった。

郭さんら五輪選手の何人もが原住民（台湾では先住民の正式呼称として「原住民」が憲法で規定されている）出身だ。何万年も前から台湾で暮らす原住民は、過酷な自然環境で強靱《きょうじん》な身体能力を培ってきた。

日本統治時代に高校野球で１９３１（昭和６）年、台湾代表として甲子園の決勝まで進んだ台湾中部の嘉義農林学校チームでも、原住民の選手が活躍していた。２０１４年に公開された映画の「ＫＡＮＯ　１９３１海の向こうの甲子園」で描かれたシーンを記憶している人も多いだろう。

《200以上の参加国・地域のなかで、台湾は最も多い23もの自治体がホストタウンになった》

かくも多くの日本の自治体が、台湾のホストタウンに手を挙げてくれたことに感謝している。残念ながら、新型コロナウイルス禍で台湾選手の合宿や地元との交流はほとんどできず、代わりに、日本で働いている私たちが感謝の気持ちをホストタウンに届けた。

２０２１年６月にはホストタウンのひとつ、静岡市に田辺信宏市長を訪ね、台湾バナナ３００本を進呈した。静岡市とは静岡マラソンと台北マラソンの友好提携など、さまざまな交流がある。市内の小学校でバナナが給食に出された。

児童が帰宅して「給食で台湾バナナを食べたよ」と話すと、おじいさん、おばあさんたちが懐かしがって話に花が咲いた、と聞いた。戦後しばらく、日本で台湾バナナが貴重だった頃の記憶だろう。

《ホストタウンの中には日台双方で同じ地名の自治体もある》

愛媛県松山市がそうだ。台北市内にも松山という地名があり、国際空港や鉄道駅の名称で知られている。私は愛媛県松山市も訪れ、小中学校などに給食用として台湾産パイナップルを贈った。芯まで食べられるのが台湾産パイナップルの特徴で、とても喜んでいただけた。

静岡市の田辺信宏市長（左）に台湾バナナを進呈する謝長廷＝2021年6月

ホストタウンではないが、21年7月、福島県白河市に出かけてきた。台湾の台南市にも「白河」という地名があり、もともと交流がある親しい関係だ。福島県による「復興『ありがとう』ホストタウン」になってくれている南相馬市と北塩原村も、白河市の小学校で開かれた式典でオンライン交流し、いずれの自治体にも台湾バナナを贈った。

台南市の白河と福島県の白河とでは、小学生野球チームどうしの親善試合なども計画していたが、（新型コロナ禍の影響で）断念した。いずれぜひ実現させたい。私は茨城県や鹿児島県などの自治体も合わせて、計10カ所のホストタウンを訪問してきた。

《行政院長（首相）の時代に五輪の台湾開催をめざした》

私が行政院長だった05年7月に、「2020年夏季五輪」を台湾に誘致しようと提案したことがある。南部の高雄市長だった04年、（非五輪競技・種目の国際総合大会）「ワールドゲームズ」の誘致に成功し、調印した翌年のことだった。

当時は（中国の圧力で）誘致も開催も不可能と言われた。だが、実際には09年7月、ワールドゲームズを無事に開催し、成功させることができた。31の競技・種目に約5千人が計103カ国・地域から参加し、日米などはもちろん、中国からも選手団が高雄市に来た。

台湾は「チャイニーズ・タイペイ（中華台北）」の名を使わざるを得なかったが、開催地として国際舞台での実績を作った。

このとき学んだのは、世界各国・地域で競技や種目ごとの委員会組織はワールドゲームズでも五輪でも同じ役割を果たす、ということ。台湾でも将来、五輪とパラリンピックを正式開催することは可能だと考えている。

人に歴史あり、歴史にドラマあり、されど……

日本において五輪は戦後、19年しか経ていなかった1964年、東京で10月に開かれている。日本全土が焦土と化した敗戦の苦しみの中で、岸信介が首相時代にもぎ取った開催権であった。開催時の首相は、後継の池田勇人政権時代に入っていたが、「国民所得倍増計画」を高々と掲げ、日本経済と国民を鼓舞した時期に五輪は重なる。

岸信介は2022年7月に暗殺された安倍晋三元首相の祖父だ。2020年東京五輪の開催権も、安倍晋三が首相時代に勝ち取ったものだ。仮に新型コロナ禍など出現しなければ、なお安倍晋三政権が続いていた2020年夏に、祖父が果たせなかった開催の歓喜を国民とともに味わえたことを考えれば、開催の1年延期は無念なことだった。

一方、中学から高校にかけて体操選手として名をはせた謝長廷にとって、深刻な新型コロナ禍が続くなかでも、駐日代表という立場で東京五輪パラリンピックに「参加」できたことは、まさに歓喜の瞬間であったろう。人には歴史があり、歴史にはドラマがある。しかしながら、駐日代表にとっての「ドラマ」は歓喜だけではない苦悩も押し寄せてきた。

中国発フェイクニュースと台湾人外交官の死

（初出　2021年9月11日付　産経新聞朝刊）

《2018年に台風の被害をめぐり、台湾の駐大阪代表が自殺する痛ましい事件が起きた》

2018年9月14日、第一報を聞いたとき、非常にショックを受けた。当時61歳で自ら命を絶った蘇《そ》啓誠《けいせい》氏は、台北駐大阪経済文化弁事処の処長（台湾の大阪総領事に相当）の職にあった。

私は東京にいて、前日13日の夜に蘇氏と電話で話したばかりだったからだ。蘇氏とは15日に大阪の会議で会う予定にしていた。蘇氏は対日関係に長年携わってきた優れた外交官。2カ月前に沖縄にある台湾の那覇分処処長から、異動したばかりだった。

結論から先に言えば、中国発のフェイクニュースに台湾の世論やメディアが振り回され、蘇氏に非難の声が集中したことが背景だ。痛ましい事件で、フェイクニュースに対する憤りはいまもなお消えていない。

台風21号の強風に流され、関西国際空港への連絡橋に衝突した大型貨物船＝2018年9月4日午後

激しい暴風雨を伴った台風21号の影響で（沖合にある）関西国際空港の連絡橋に大型船が衝突。（往来が難しくなり）旅客らがターミナルに取り残されるという大事故が起きた。

このとき中国メディアが、「中国の駐大阪総領事館がバス15台を緊急手配して、中国人を優先して救出した」と相次いで報じたのがフェイクだった。関空側が救出措置として、高速船やバスで旅客らを避難させたのが確認されている事実で、中国のバスは空港には行っていない。連絡橋を一般車両が渡れない状況で、そもそも中国側のバスだけが空港のターミナルに行けるはずもない。

一方、救出を待ちながら関空のターミナル内で孤立していた台湾の旅客らは不安を感じていたし、台湾メディアは「中国の大阪総領事館にはできて、なぜ台湾の大阪弁事処は救出にいけないのか」と、強硬に批判を繰り返したのだ。

《冷静に判断すれば台湾メディアの側も簡単にフェイクと見抜けたのではないか》

当時はまだ、台湾は中国発のフェイクニュースに対する経験が少なかった。中国側から「中国の救出バスは『自分は中国人だと認識する』ことを条件に台湾人の一部も乗車を許した」とのフェイクニュースまで流れた。（台湾を自国の一部と主張する中国の）微妙な中台問題をついた情報操作だった。

台風接近の気象情報を得た台湾の観光団体は、旅程を変更するなどして関空にはあまりいなかった。とはいえ緊急事態の発生で、避難情報も少なかった。ターミナルに取り残された台湾の個人旅客らは、中国からのフェイクニュースを信じてしまったようだ。

《中国側の狙いは何か》

この事件よりも前に、海外の空港で中国人の団体旅客が航空便の大幅遅延で、ロビーに集まって大声で中国の国歌を歌い、空港係員をつるし上げるといった国際常識からみて考えにくい問題を起こしたことがあった。

そうした事件の再発や、国内での反発を懸念したのか、中国は自国民を優先的に救出したとの〝美談〟を作り上げた恐れがある。出所不明のサイバー部隊とみられる何千件ものネット攻撃が、台湾の大阪弁事処に一気に向けられたことも、圧力だった。

《事実ではない非難に、蘇氏は耐えられなかったのか》

台湾メディアの中には、私が蘇氏の責任を追及したなどとするフェイクニュースを流したケースもあった。私は蘇氏の責任だなどと考えておらず、一部のメディアがフェイクニュースに踊らされて非難していただけだった。

最後に話した日、蘇氏は「自分を陥れようとしている人がいる」とも訴えていた。大阪弁事処にはネット攻撃だけでなく、大量の抗議ファクスも届いていた。

顧問弁護士と相談して会う予定だったが、対日関係で多大な功績を残した外交官を救えなかったことは本当に悲しいことだった。

台湾漁船の拿捕、日台に走った緊張

《2016年に日本側の海域で台湾漁船が拿捕《だほ》され、台湾側が巡視船を出す事案など緊張もあった》

日本が排他的経済水域（EEZ）とする海域（東京都・沖ノ鳥島沖）で、台湾の漁船が拿捕されたことへの抗議を目的にし、2016年5月上旬、当時は執政党だった国民党の馬英九《ばえいきゅう》政権が海岸巡防署（海上保安庁に相当）の3千トン級「宜蘭《ぎらん》艦」など、3隻の巡視船をこの水域に送り込んだことがある。

台湾の漁船を保護するとの名目だったが、日台関係にかなり緊張が走ったのは事実だった。

それ以前にも日台が近接する海域を含め、馬政権の時代に計18件、台湾漁船が日本で拿捕された事件がある。馬政権は否定していたが、台湾の漁民の中には強硬な姿勢で日本側に対抗するとして、中国との共闘をチラつかせる勢力も現れるなど、事態は複雑化していた。

《馬政権時代の台湾は、対日関係で厳しい姿勢だった》

巡視船3隻を出したのは、8年間の任期を終えて馬政権が退陣する最後の時期だった。もちろん台湾の漁民の権益を守ることは重要で、基本だ。しかし、漁業問題を政治利用し、国際問題化させたとすれば許されない。衝突こそ起きなかったが、一触即発の事態だった。

当時の馬政権は、「沖ノ鳥島は『島』ではなく、日本のEEZは認められない」との主張だった。従って日本がいうEEZ海域において、台湾漁船の操業は問題ないという立場でもあった。

一方、16年5月20日に発足した民進党の蔡英文政権は、日本側との協議を通じて問題解決を図るべきと訴えた。蔡政権はEEZに関して国連大陸棚限界委員会（CLCS）の決定を尊重し、それまでは「法律上の特定の立場をとらない」としている。台湾漁民の権益確保には強い関心を持っている。

《漁民は漁場が大切だ。簡単には解決できそうもない》

確かに、台湾の漁民の中には誤って日本側の海域に入ってしまうなど、ミスを起こすこともあるだろう。ときにルールを守らない漁船もいたかもしれない。ただ、広い海域で近接している日台の問題は、強硬姿勢ではなくローキー（控えめな姿勢）で解決すべきだろう。

ひとたび拿捕されると、法的な手続きも大変だ。一方、蔡政権が発足して、私が駐日代表に着任してからは台湾漁船の拿捕はゼロになった。対日関係の改善とともに、漁民の側も意識が変わってきたと考えられる。

ＥＥＺであっても操業などしない漁船の無害通航は認められている。一方、日本は船の動きをしっかり見ており、どこかの漁民がひそかに操業などしても証拠はつかんでいるはずだ。

《17年12月には日台間で海難救助の覚書を交わしたが》

漁船に限らず、海難事故の場合、救助や捜索で日台双方が協力し合うとの覚書だ。実務者協議などを重ねているが、正式な外交関係のない日本と台湾の間では、民間取り決めという形式をとらざるを得ない。

ただ制度的にも、より明確な法的措置が日台間には必要ではないだろうか。もちろん漁業や海域だけではない。

新型コロナウイルス感染症が広がる前の19年には、観光やビジネスなどで、台湾と日本で年間延べ７００万人もの往来があった。このうち台湾から日本に渡航した人が延べ５００万人近くにのぼる。

日台双方がそれぞれの訪問先で、さまざまな権利が法的に保証されない事態も想定されている。台湾との関係や権利保護に法的措置を取ってもらうよう、日本側と粘り強く交渉したいと考えている。

熊本と台湾を結びつけたもの

謝長廷が2016年6月、駐日代表として着任してから、最初の仕事はその年の4月に起きた熊本地震の被災地訪問だった。台北の大同ロータリークラブが作成した「一人じゃないもん、頑張れ熊本」と日本語で書かれた「くまモン」の絵や、台湾からの義援金を持参した。その熊本はいま、半導体技術で台湾との密接な結びつきを深めている。

2021年に日本への工場進出を決めたのが半導体受託製造で世界最大手の台湾積体電路製造（TSMC）だ。TSMCは熊本県菊陽町に新工場を建設し、2024年にも演算処理に使うロジック半導体の製造を始める計画だ。投資額は総額86億ドル（約1兆2000億円）。半導体技術の協力は、日台を結ぶ経済安全保障の柱のひとつになる。

日本政府は半導体の国産化を後押しするために設立した基金を活用し、最大4760億円を、この熊本工場に支援する方針だ。ソニーグループやデンソーが協力し、新たに2000人の雇用も生む。相乗効果を狙い、ソニーは熊本県合志市に画像センサーの新工場も検討している。かつての半導体王国日本は台湾との協調で復活をめざす。

謝長廷は2022年4月、第4回「アジア・太平洋水サミット」のイベント展示会に台湾が出展したブース視察のため、台北駐大阪経済文化弁事処福岡分処処長（台湾の福岡総領事に相当）の陳銘俊とともに熊本を訪れた。台湾南部の屏東県《へいとう》にある伏流水《ふくりゅうすい》を利用した地下ダム「二《に》峰圳《ほうしゅう》」の紹介ブースで、この地下ダムは実は日本と深い関係があった。

謝長廷は、「屏東県の『二峰圳』は約１００年前、日本人の鳥居信平技師が地元の原住民、パイワン族の人々と協力して建設した伏流水を利用した地下ダムだ。現在もなお現役で灌漑《かんがい》用水などとして使われている」と話した。農業の基礎である水利技術の縁が、１００年の時を経て熊本で「産業のコメ」半導体でも花開いた。

この訪問時に、熊本県の蒲島郁夫知事や熊本市の大西一史市長らと面談し、謝長廷は「震災から熊本の都市は復興し、台湾のＴＳＭＣも熊本で半導体工場も着工するに至った。明るくめでたいニュースで溢れている」と語った。ＴＳＭＣはさらに第２の製造拠点を日本国内に建設する計画も進めており、日台半導体協力は加速しそうだ。

半導体のみならず、１００年続く屏東県の地下ダム「二峰圳」のストーリーに連なる台湾産農水産品の分野でも、日台の絆はいまも息づいている。中国が２０２１年３月、台湾産パイナップルの輸入を、有害生物の検出を理由に輸入禁止にした。このとき、危機的状況に陥った台湾産パイナップルの行く先で、救いの手を差し伸べたのは日本だった。

日本と台湾は相互に、利益を共有し、それぞれ助けが必要なときに必要な技術や資金や手立てを提供できる信頼に足る友人、隣人の証だ。「１００年を超える信頼の絆はこの先、台湾と日本の若者たちに幅広く継承していってほしい。次の100年も持続可能な結びつきであり、台湾と日本の未来は若者にかかっている」と謝長廷は話した。

2016年4月に発生した熊本地震の被災地に贈った「一人じゃないもん、頑張れ熊本」の絵を手にする謝長廷（河崎眞澄撮影）

未来をつくる日台の若者たち

（初出　2021年9月9日付　産経新聞朝刊）

《2021年春には日本で台湾産パイナップル輸入が話題になった》

日本で台湾産パイナップルの輸入が今年、2万トン以上と昨年の7～8倍に増えた。それまでは中国向けの輸出が大半だった。ところが毎年3～6月の最盛期を前に、中国政府が台湾からの輸入を3月1日から検疫での問題を理由に突然、停止した。

台湾の農家も農政当局も困り果てたのだが、日本の多くの方が、パイナップル輸入の受け皿になるとして、救いの手を差し伸べてくれたのは、ありがたかった。

例えば、日台をつなぐ日華議員懇談会の古屋圭司会長（元国家公安委員長）は、地元である岐阜県の大手スーパーチェーンに台湾からのパイナップル輸入を依頼してくれ、約200軒の店舗で販売された。

福島県でも大手スーパーが台湾パイナップル祭りを開催して応援してくれた。芯までおいしく食べられる台湾産を、日本の消費者に幅広く喜んでもらえたのは幸いだった。災害支援に似た助け合いと感じた。

《台湾でパイナップルは縁起のいい果物とされている》

北京語で「鳳梨」と書くパイナップルは、地元の台湾語で発音すると「オンライ」で、漢字を当てると「旺来」となる。福を呼び寄せる縁起のいい言葉だ。その縁起を担いで、台湾では春節（旧正月）の飾りや商店などでの置物に使われる。

南国台湾はフルーツの宝庫だ。マンゴーなど台湾産の果物もどんどん日本に輸出されるようになった。新型コロナウイルス感染が広がる以前の2019年には、延べ200万人を超える人が、日本から台湾に渡航した。観光で訪れた方々が台湾フルーツの味に親しみ、買い求めてくれるようになったかもしれない。

《コロナ禍前は高校生の台湾修学旅行も増えていたが》

日本から台湾への修学旅行者数は、19年で計4万人にのぼった。その5年ほど前は、海外修学旅行先のトップは米国のハワイだったが、19年までに台湾がその座についた。日本からの近さでは韓国や中国なども候補だが、保護者が安心して送り出せる渡航先として、台湾が選ばれるようになったことは、台湾にとって誇らしい。

神奈川県の場合、高校の海外修学旅行先で90％までが台湾だったと聞く。台湾の中学や高校には修学旅行の習慣はないが、日本の提携校との交流などとして19年に計1万人が台湾から日本を訪れた。

《10代の若者が自分の目で海外を見るのは、またとない良い経験だ》

まさに百聞は一見にしかず。日台の高校生どうしが交流する場面など、たとえ言葉は通じなくてもカタコトの英語や身ぶり手ぶり、そしてアニメやゲーム、スポーツなどを共通言語にして、自分と相手を理解しあっている。未来を作るのは若い人たちだ。

修学旅行のみならず、日台の若者がそれぞれ台湾や日本の大学や大学院に留学するケースも増えている。また、産経新聞が主催し、台北駐日経済文化代表処が共催している「日台文化交流　青少年スカラシップ」も貢献した。作文やスピーチのコンテストで優秀な成績を収めた中高大学生を表彰する制度で、20年近く続いている。

この制度で創設時からあった入賞者の台湾研修招待は、新型コロナ問題の期間中、残念ながら中断せざるを得なかった。しかしそれでも、（応募者の作文やスピーチなどから）志のある日本の若者が多いと実感している。修学旅行や研修旅行、留学や観光など、とにかくコロナ禍が1日も早く収束して、日台間が自由に往来できるようになることを待ち望んでいる。

李登輝元総統（左）から話を聞いた「日台文化交流　青少年スカラシップ」に参加した日本の中高生ら＝2010年3月24日

台湾新北市・淡江大学准教授（外交・国際関係）廖雨詩（リャオ・ユーシ）氏に聞く

「信頼に足る政治任用大使」

《台湾の行政院長（首相）経験者で初めて、駐日代表として2016年に就任した謝長廷氏の仕事ぶりを、日本や台湾からみていて、どのように受け止めているか》

日本における謝長廷氏の「大使」としての発言や行動を、台湾人のひとりとして高く評価している。京都大学大学院の博士課程を修了し、台湾で弁護士となり、政治家として立法委員、行政院長まで経験した謝長廷氏の人生経験が、随所に現れている。

どの国家でも在外公館でトップを務める大使には、大きく分けて外交部（外務省）で訓練を受けた国家公務員のプロフェッショナル・ディプロマット「職業外交官」か、あるいは政権の指名で就任するポリティカル・ディプロマット「政治任用外交官」に分類される。

謝長廷氏は2016年に誕生した蔡英文政権が政治任用した「大使」だ。台湾外交にとって最重要の友好国、米国と日本ではとくに、政治的なやりとりが欠かせない。自分を売り込むのではなく、国際的に立場の弱い「台湾」を日本に売り込む政治力が必要だ。

例えば、謝長廷氏は駐日代表に就任以来、日本の各地をくまなく回り、すでに47都道府県を訪れている。フェイスブックなどソーシャルメディアを使って、日本での活動を連日報告しているが、ここまで努力して地方に溶け込もうとする台湾の大使は珍しい。

外交は外国との関係の上に成り立つもので、台湾の内政や世論の動向ばかり注視しているようでは失格だ。台湾の在外代表の中には、まるで自分が芸能人にでもなったかのように、自分自身を目立たせて台湾メディアに売り込もうと、発言している人もいる。

《駐日代表として注目した謝長廷氏の具体的な言動は、どのようなものか》

例えば、2021年6月、台湾で新型コロナウイルス感染が急拡大し、ワクチン不足に悩んでいた時だ。謝長廷氏は駐日代表処の全勢力を動員し、安倍晋三前首相（当時）ら日本の政界トップの強力な支援を短期間でとりつけ、日本政府からも協力を得た。

ワクチンの台湾への提供交渉が始まって2週間足らず。前例のないワクチン緊急輸出入の手続きのみならず、ワクチン到着日まで事前情報は中国側に漏れなかった。そこまで日本の協力を勝ち得た政治力、信用力、交渉力は長年の努力の蓄積が大きい。

その安倍氏が暗殺された2022年7月、副総統の頼清徳氏が私人の立場で訪日して安倍家に遺族を訪ねた。このとき副総統の肩書は一切使えず、その扱いをめぐって台湾で謝長廷氏への批判も出たが、名を捨てて実を取る形で、弔問外交を成功させた。

2021年7月、東京五輪開幕式でNHKの女性アナウンサーが「台湾です！」と華やかな声で台湾チームの入場を紹介した。中継映像をみていたが、日本における「台湾」への好感度がひしひしと伝わってきた。こうした国民感情の醸成でも成果を上げている。

もちろん、こうしたことのすべてが謝長廷氏ひとりの成果ではない。李登輝元総統など台湾の数多くの先人が長い時間をかけて大切にしてきた蕾が、いよいよ大きな花を咲かせる時を迎える中で、最適な人物が日本で心を尽くしている、と私の眼には映った。


《東日本大震災で2011年に事故を起こした東京電力福島第1原子力発電所からの処理水の海洋放出をめぐる謝長廷代表の発言で、台湾では批判が起きたが》

謝長廷氏は処理水の海洋放出で、太平洋で日本と接する台湾の安全を最優先としながらも、科学的根拠や国際ルールに則って日本の政策への理解を示した。台湾の対日外交として、感情論には振り回されない、公正でフェアな姿勢を貫いていると思う。

2022年2月に福島など5県産の食品禁輸が解除された後、すぐにも台湾に環太平洋経済連携協定（TPP）加盟の道が開けると考えた人々がいた。交渉がなかなか進まないことへのいら立ちから、謝長廷氏への痛烈な批判を繰り広げるメディアもあった。

台湾に「媽宝《マーバオ》」という言葉がある。欲しいものだけを欲しがり、つらいことはしない、わがままっ子のような振舞いをさす。だが、台湾がTPP加盟をめざすなら国際ルールに則って冷徹に義務を果たし、その上で権利を勝ち取っていくべきではないか。

欲しい欲しいと、駄々をこねるのではなく、日本などTPP加盟国に対して、国際社会に対して広く、国家の品位をみせねばならない。繰り返しになるが食品安全も海洋安全も科学的根拠に基づく論理的な政治判断が必要だ。謝長廷代表の発言は正しかった。

《中国が台湾産パイナップルの輸入を突然、禁じ、日本が代わって輸入を拡大したとき、謝長廷代表は芯まで食べられる台湾産のおいしさを日本各地でPRした》

パイナップルのみならず、中国は台湾からのハタ（石斑魚）、金門高粱（コーリャン）酒や台湾ビールなどの輸入を禁じる措置を相次ぎ取った。台湾メディアの中には、それなら日本に輸入拡大してもらえば良いのではないか、といった二匹目のどじょうを狙う声もあった。

しかし謝長廷氏は、いつも日本側の友情に頼るばかりではいけない、と反論した。パイナップルはおいしさで日本の消費者に受け入れられたが、ハタに関していえば、そう簡単ではない。日本では食用魚の選択肢が広く、ハタの美味を知らない消費者も多い。

日本にとっても利益になることでなければならない。政治経験の長い大使だからこその発言だろう。

台湾メディアや野党が繰り広げる「謝長廷代表は日本びいきだ」という批判はあたらない。そもそも輸出市場の大半を中国向けにした貿易こそ反省すべきだ。

台湾メディアの多くは、中国共産党によるチャイナマネーに支配権を握られる傾向にある。台湾独自の視点で台湾人のための公正な報道をするテレビや新聞などのメディアは限られているのが実情だ。中国寄りのメディアに振り回される現状を危惧《きぐ》している。

《弁護士として、台湾初の野党、民進党の創設メンバーのひとりとして、さらに立法委員や行政院長として、台湾で名を知られた謝長廷氏の経歴をどう見ているか》

産経新聞の2021年9月の連載「話の肖像画」で、謝長廷氏自身が語っていたが、誘拐殺人の主犯格だった男が、人質をとって立てこもった事件が1999年にあった。弁護士の謝長廷氏にとって、得られるメリットはあまりなかった。しかし命懸けで救出した。

主犯格にその妻の弁護を依頼されたことを受け、興奮する立てこもり犯人を説得して人質を無事に解放させることは、自分しかできないと考えたのだろう。誰かがやらねばならないと覚悟を決め、死を恐れず乗り込んだ姿は、人間として高く評価されるべきだ。

いまも残念だ、と感じているのは、2008年の総統選で民進党から候補として出馬した謝長廷氏が、国民党の候補、馬英九氏に敗れたことだ。馬英九氏が総統として政権を握った8年間、米国や日本との関係はうまくいかず、政治も民主化も後退したと思う。

政治は理想論だけではなく、国際社会の現実にも目を向けねばならない。謝長廷氏が総統になったとしても、内政、外交すべてが順調だったかどうか、わからない。ただ日本にとっては、李登輝氏の後継者となる知日派の謝長廷総統は望ましかったはずだ。

台湾と日本の関係は謝長廷政権なら相当、進展していたであろうし、あるいは「日本版台湾関係法」制定に道筋をつけられたかもしれない。中国共産党と急接近した馬英九政権とは明らかに異なり、台湾の主権と民主主義の価値を国際社会に訴えただろう。

淡江大学准教授の廖雨詩

中国が名目国内総生産（GDP）で日本を追い抜いたのは2010年だ。その前後の2008年から2016年の2期4年に、対中姿勢で弱腰にならず、国際社会における台湾の存在感をもっと鮮明にできた。台湾の姿はいまごろ、大きく変わっていたに違いない。
謝長廷氏は李登輝氏と同じく、政治家としての確固たる「思想」や「哲学」に裏打ちされている。自らの個人的な将来ではなく、徹頭徹尾、台湾の未来を考えていると感じる。

後進の政治家をしっかり育成している点からも見て取れ、その人柄は十分信頼に足る。

廖雨詩（リャオ・ユーシ）

台湾新北市の淡江大学准教授（外交・国際関係）。台湾台北市生まれ。その後、両親とともに渡米して小学校から高校までアメリカで過ごす。台湾台中市の東海大学に進み、卒業後、日本大学大学院に留学。２００９年に博士号を得た。同大学で研究員として勤務の後、２０１９年に台湾に戻り、民主進歩党（民進党）本部で選挙事務局長秘書、政策シンクタンク新台湾国際智庫の研究員を経て、２０２２年から現職。日本戦略研究フォーラム（屋山太郎会長）上席研究員を２０２１年から兼務している。

第3章

安倍晋三暗殺の衝撃

日本からのワクチン緊急支援

２０２１年６月４日午後のこと。日本政府が提供した新型コロナウイルス用のワクチン第一便１２４万回分が、日本航空８０９便に搭載されて、台湾北部の桃園国際空港に到着した。英製薬大手アストラゼネカが開発し、日本国内で製造されたワクチンで、台湾のニューステレビ局はどのチャンネルも軒並み、日航機の台湾到着を実況中継した。

このとき管制官が着陸誘導とは別に、航空無線としては異例ながら、感情を抑えきれずに日航機のパイロットにワクチン空輸への謝意を伝えた音声も報じられ、感動が広がった。当時、台湾がワクチン輸入に困窮していたのは、中国による政治的妨害との見方もあり、１９８９年に天安門事件が起きたその日に偶然重なった到着も、話題になった。

総統の蔡英文はソーシャルメディアで、「自由と民主主義という同じ価値観を共有するパートナーからの迅速な支援に感謝する」と表明し、新型コロナ感染への不安感が日に日に強くなっていた台湾の人々の気持ちを代弁。また、台湾メディアやインターネット上には、「困ったときの友、日本こそ真の友人だ」などと評した投稿が相次いだ。

日本から緊急措置として無償提供されたワクチンが到着するまで、約２３００万人の台湾人口に対し、確保されていたワクチンは当時わずか約85万回分で、事態は緊迫していた。その後、日本や米国などが複数回、台湾へワクチン提供を行ったが、世界保健機関（WHO）加盟が政治妨害で認められていない台湾にとって、貴重な支援だった。

外相だった茂木敏充は4日の記者会見で、「台湾との重要なパートナーシップ、友情を踏まえた」と強調。元首相、安倍晋三は生前、蔡英文から直接、謝意を伝えられたと明らかにしている。一方、中国外務省の報道官、汪文斌《おうぶんひん》は4日の記者会見で、「政治パフォーマンスに固執するな」などと、日本政府を激しく非難している。

日本政府が台湾に提供した新型コロナ用のワクチンを載せた日航機に深々と頭を下げた謝長廷＝2021年6月4日、成田空港

ワクチンも震災支援も「善の循環」

（初出　２０２１年9月3日付　産経新聞朝刊）

《新型コロナウイルス感染症への対策で、日本と台湾は協力関係を深めた》

新型コロナで水際対策を徹底してきた台湾だが、２０２１年5月に感染が急拡大したとき、ワクチンの国際調達にさまざまな障壁があって、苦悩していた。

そのとき日本政府の迅速な決断で、6月4日にアストラゼネカ製ワクチン１２４万回分が日本航空機に搭載されて台湾に提供された。その後も7月まで計3回、台湾に３４０万回分に近いワクチンが、日本から無事に届けられたのだった。

台湾に向けて日本からワクチンを載せた民間機が飛び立つたびに、私は空港にかけつけて関係者に謝意を示すとともに、離陸をこの目で見届けてきた。蔡英文総統も表明していたように、これは「まさかの時の友こそ真の友」の証明だった。感染拡大へ不安感が広がっていた台湾で、日本からの支援を人々は心強く感じていた。

日本から贈られる前、台湾でのワクチン接種率は1％にも満たない水準だった。その一方で、世界保健機関（ＷＨＯ）への加盟が認められていない台湾に、真っ先に救いの手を温かく差し伸べてくれたのが、日本だった。

《台湾への日本の対応で、ワクチン無償供与にはスピード感があった》

ワクチンの提供を日本側に私が最初に打診したのは5月24日のことで、それから6月4日の空輸まで、わずか11日しかかからなかった。これは安倍晋三前首相（当時、２０２２年7月8日に奈良県での暗殺事件で死去）をはじめとする日本の関係者のご尽力が、非常に大きかったと感謝している。

5月24日の夜、東京・白金台の台北駐日経済文化代表処の公邸に招いた米国のヤング駐日臨時大使（6月に離任）と、薗浦《そのうら》健太郎元首相補佐官で日米台の意見交換会をしたとき、ワクチンをめぐる台湾の困難な事情を訴えた。

5月に日本で承認されたものの、そのとき公的接種予定のなかったアストラゼネカ製ワクチンを台湾に提供できないかと、提案したところ、2人とも賛同してくださり、薗浦さんはすぐに安倍前首相にも報告してくれた。

《海外からのワクチン調達で台湾は中国の妨害で難しくなっている、と蔡総統が発言したことがある。日本からの提供をめぐり障害はなかったのか》

日台間で迅速な輸出入手続きの完了と、情報管理がまずは重要なことだった。何らかの妨害が入らないとも限らない。

日本の防衛省は、ワクチンを運んだ日航機が台湾と空域が接する地点まで、(自衛隊機で)静かに見守ってくれた、と聞いている。こうした見えない心遣いにも深く感謝している。

台湾側ももちろん力を尽くした。ワクチンの緊急輸入など前例のないことで、法的な手続きもはっきりしていなかった。ただ幸いなことに私はそもそも弁護士で、書類の作成やチェック、当局者との交渉まで、自分で引き受けることができた。

それに(行政院長経験者の)私は、行政院(政府)の高官にも直接、連絡できる立場にあることが幸いした。順調に進んだのは、台湾と日本の双方が強い信頼関係で結ばれていたからだろう。

《ワクチン提供で日本政府は震災やマスク不足の際、台湾から義援金や支援物資が贈られたことへの「返礼」とした》

台湾と日本は震災など自然災害でこれまでも、互いに救援や支援をしてきた。その結びつきを私は「善の循環」と考えている。善意が次の善意を呼ぶのだ。20年春に感染が急速に広がった時期、マスク不足に陥っていた日本に台湾製マスク200万枚を提供した。

20年2月から台湾は官民でマスク増産策を始め、台湾のみならず国際社会にも貢献できる態勢を急ピッチで整えた。台湾はいまや1日当たり1千万枚を超えるマスク生産能力がある。世界第2位の規模の供給源になった。

21年8月もマスク124万枚を日本に提供した。感染の拡大に歯止めがかからない状況下で、安全のため高品質のマスクを毎日のように新品に取り換える必要があるが、その費用は決して安くない。

次々と購入するのが容易ではない方に配布していただければうれしい。医療用の防護服なども含め、台湾はこれからも日本を支援していくつもりだ。

副総統の頼清徳が私人の立場で弔問に

安倍晋三が奈良県で応援演説中に銃撃され、暗殺されたテロ事件の3日後、台湾の副総統、頼清徳《らいせいとく》が7月11日に来日し、安倍晋三の遺族を訪ねている。台湾から現職の副総統が日本を訪れたのは、李登輝副総統（当時）が1985年に外遊の帰路、東京に立ち寄って以来のこと。中国が反発する中、台湾の政治人物として最高位で並んだ。

台湾外交部（外務省）は、頼清徳の弔問について、「個人的な日程で、情報を持っていない。論評もしない」とコメントした。頼清徳は台湾政界で「知日派」として知られる。台湾では、「安倍氏は生涯を通じて台湾との関係強化に力を入れた。私人の立場ながら弔問に現役の副総統が直接訪れたことには意味がある」などと、評価が広がった。

台湾へのワクチン供与をスピード決断させ、実行に移す原動力になった安倍晋三。2021年12月1日、台湾のシンポジウムにオンライン参加し、「（中国による）台湾への武力侵攻は必ず日本の国土に対する重大な危険を引き起こす。台湾有事は日本有事であり、日米同盟の有事でもある」と述べて、安全保障上の危機感を露わにした。

台湾要人の安倍晋三弔問には、ほとんど同行した謝長廷。「台湾に最も友好的な日本の首相のお一人だった。しかも（中国包囲網の色彩も強い）『自由で開かれたインド太平洋（ＦＯＩＰ）』という日本発の考え方を国際常識にした国際的な政治家だった」と悼んで、時に涙声になった。しばし、安倍晋三に対する謝長廷の思いに耳を傾けたい。

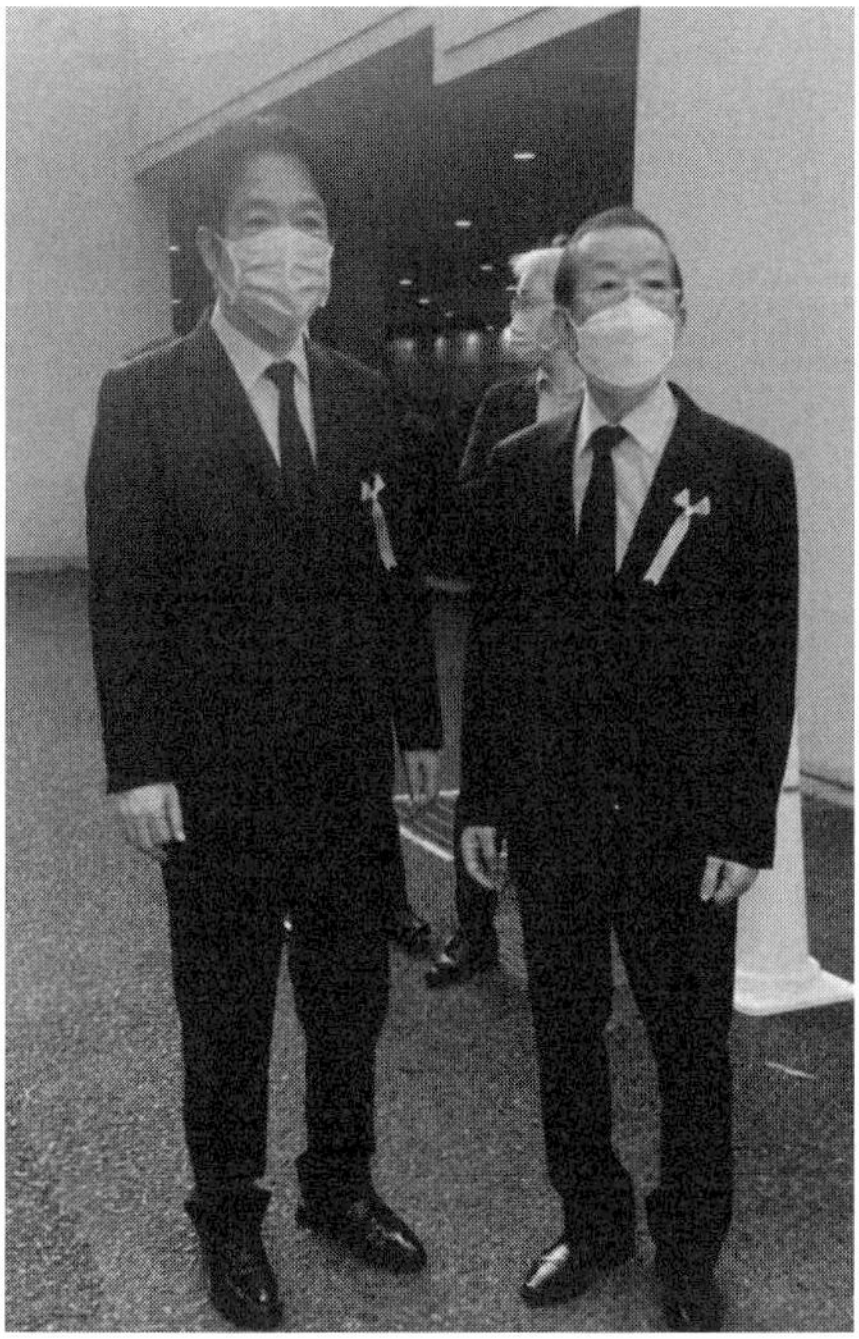

安倍晋三元首相の弔問に私人の立場で訪れた副総統の頼清徳（左）と謝長廷＝2021年7月11日、謝長廷のフェイスブックから

2022年7月30日、幻となった安倍訪台の計画

《安倍晋三の銃撃暗殺事件について、台湾はどう受け止めたのか》

中国がますます強大化して国際秩序を変化させ、台湾への圧力を強めるなかで、台湾は不安でいっぱいだった。国際社会で孤立するのではないか、という思いだ。だが安倍晋三総理のような国際的で大物の政治家が、長期にわたって台湾にさまざまな手を差し伸べてくれたことに、台湾社会は、安倍総理に深い恩義を感じてきたと思う。

安倍総理が地政学に基づく構想「自由で開かれたインド太平洋」を残した貢献は、日本や台湾など、東アジアにとどまらない。2022年8月3日に台湾を訪れ、蔡英文総統と会談した米国のペロシ下院議長も、最初の発言は「自由で開かれたインド太平洋」だった。地球規模での構想と戦略が、まさに国際常識になったことは、忘れてはならない。

凶弾に倒れた後、国際社会でもとりわけ、台湾で安倍さんへの哀悼と感謝が深く広がったことは、日本との強い絆を感じさせた。頼清徳副総統を始めとする弔問、国葬への出席や、台湾の民間人が自発的に追悼文を新聞に意見広告の形で出したことも。超高層ビル「台北101」

は、安倍哀悼の文字を数百メートルの高さに繰り返し表示した。

日本台湾交流協会台北事務所（日本側の対台湾交流窓口機関で、日本の在台湾大使館に相当）には、安倍総理を悼む市民の弔問と献花の列が連なり、追悼音楽会も台北市内で開かれた。かくも官民のへだてなく、数多くの台湾の人々が安倍晋三総理に祈りを捧げたのは、温かい厚意への感謝と、恩返しせねばならぬ、という気持ちが強い。

《安倍晋三は台湾に対して具体的にどのような動きをしてきたか》

外交関係のない台湾と日本の関係だが、台湾も正式メンバーの一員であるアジア太平洋経済協力会議（APEC）首脳会議の場で、安倍総理は台湾と個別の会談に臨んでくれた。蕭萬《しょうまん》長《ちょう》氏や宋楚瑜《そうそゆ》氏ら政界の大物、半導体大手、台湾積体電路製造（TSMC）の創業者である張忠謀（モリス・チャン）氏とも、だ。

日本側の対台湾交流窓口機関で、外務省などが管轄している公益財団法人「交流協会」の名称を2017年1月に「日本台湾交流協会」に変えた。1972年に日本が台湾と断交した後、（日本の中国側への政治的配慮で）どの国との関係を司るのか、名称からは分からない「交流協会」だったが、明確に「日本台湾」を冠することに踏み切った。

このほか日本政府から台湾に公務として派遣する高官のレベルを引き上げた。2017年3

月に総務副大臣の赤間二郎氏が、名称を変えた日本台湾交流協会が台湾で主催した地方創生に関するイベントに出席し、スピーチを行った。断交後、副大臣が公務で台湾を訪れるのは初めてで、一歩ずつ日本と台湾の公的な交流も深めてきていた。

台湾で災害が起きたり、苦難に陥ったりした際の安倍総理の姿勢は、台湾の人々を感激させた。地震被害が出たとき、安倍総理は自ら筆を使って「台湾加油（台湾がんばれ）」との書をしたためた。中国が突然、輸入を禁じたパイナップルの日本での救済輸入では、おいしそうにパイナップルを食べ、その一部始終を動画にして応援してくれた。

新型コロナウイルスのワクチン緊急供与では、このとき現役首相だった菅義偉《すがよしひで》さんとタッグを組んで、私がワクチン供与を打診してからわずか11日目に、124万回分のワクチンを台湾に空輸するスピーディーな手続きと作業を実現し、台湾を救ってくれた。日本のみならず、台湾にとっても安倍総理の突然の逝去は、大きな大きな損失だった。

2022年7月8日に奈良県で起きた銃撃事件は、暗殺であり、偶発的な事件だとは個人的には考えていない。この事件の後、日本において一部の報道や世論が、安倍総理がさも特定の宗教団体と密接な関係にあった、などとする指摘や、実行犯の男をかばって、英雄扱いするような風潮に傾いている。これは非常におかしいことだと感じている。

《筆者がインタビューした2021年7月、安倍晋三は前年7月に逝去した元総統、李登輝の墓参の

ため、新型コロナ感染状況をみながら、早期に訪台したい、と話していた》
ほとんど誰にも明かしていないが、実は２０２２年7月30日、三回忌にあたるこの日に安倍総理（実際の肩書は元首相だが、謝長廷は安倍総理、または安倍先生、安倍さんなどと呼んだ）には台北郊外の五指山にある李登輝元総統の墓参に行っていただく計画が決まっていた。銃撃事件が起きる10日ほど前のことだった。

衆議院議員会館の事務所に安倍晋三元首相を訪ねた謝長廷＝2022年6月28日

台湾側の対日窓口機関、台湾日本関係協会（２０１７年5月に亜東関係協会から名称変更）の蘇嘉《そか》全《ぜん》会長と私は、２０２２年6月28日に安倍総理を訪ねた。安倍総理が墓参のため台湾訪問を希望しているとの、あなた（河崎）が産経新聞に1面で書いた２０２１年7月29日付の記事は、台湾で非常に注目された。その後、われわれは状況を見極めながら慎重に準備を進めていた。永田町の衆議院議員会館、事務所がある1212号室で、安倍先生は訪台と三回忌のお墓参り要請を快諾してくださった。

それゆえ翌月、7月8日の銃撃事件を速報で知り、強い衝撃を受けた。まさか、と言葉を失った。私自身も台湾にとっても、安倍総理の突然の逝去は、悲しみの極みだった。9月27日に都内の日本武道館で行われた国葬には、王金平元立法院長（国会議長）らと、10月15日の山口県民葬には台湾から訪れた100人を超す人々とともに参列した。

安倍前首相、訪台に意欲「李登輝氏の墓参りしたい」逝去1年

（初出　2021年7月29日付、産経新聞朝刊1面）

台湾の民主化を進めた李登輝元総統が昨年、97歳で逝去して30日で1年。これに先立ち、安倍晋三前首相が産経新聞のインタビューに「世界の中でこれほど日本のことを思ってくれたリーダーは（李氏以外に）存在しなかった。諸般の状況が許せばお墓参りをしたい」と述べ、新型コロナウイルス感染症の動向などを見極めながら台湾を訪問したい意向を表明した。

安倍氏は1994年の訪台で、総統だった李氏と初めて面会して以来、交流を重ねてきた。李氏は中国が多数の弾道ミサイルを台湾近海に撃ち込んだ95～96年の台湾海峡危機などの窮地を何度も乗り越えており、安倍氏は李氏の政治手腕や行動力を高く評価し、尊敬している。

インタビューで、安倍氏は「李登輝さんの存在抜きに台湾が今の地位を守り続けることができたかどうか、危うかったかもしれない」と振り返り、「（李氏がいなければ）自由と民主主義、人権といった普遍的な価値を多くの国と共有する今の台湾は存在しなかった」との認識を示した。

首相として「自由で開かれたインド太平洋」を提唱した安倍氏は、「欧州にあった冷戦時代のフロントラインが中国の台頭で太平洋に移った。これを支えるのは日米と民主国。（中国に近接する）台湾は地政学的に重要だ」と強調した。

日台関係の今後については「日本と台湾は双方が親近感を持っており、特別な関係だ。日本として、台湾が国際社会の中で地位を確立するために支援していく」と発言。具体的には、台湾の世界保健機関（ＷＨＯ）年次総会へのオブザーバー参加を主張し、「できればＴＰＰ（環太平洋戦略的経済連携協定）にも入ってもらいたい」とした。

安倍氏が２００７年の首相辞任後の10年に訪台した際、李氏は「もう一度、首相になりなさい。国家の運営で決定的に重要な国家安全保障会議（ＮＳＣ）を設置し、憲法改正も目指しなさい」と助言。これについて、安倍氏は「（李氏の言葉に）非常に勇気づけられた」と明かした。安倍氏は12年、再び首相の座に就いた。（河崎眞澄）

台湾、国葬に元立法院長ら3氏、「固い友情示す」

（初出　2022年9月16日付、産経新聞朝刊）

【台北＝矢板明夫】台湾総統府は15日、安倍晋三元首相の国葬の参列者を発表した。王金平・元立法院長（国会議長に相当）のほか、台湾日本関係協会の蘇嘉全会長、台北駐日経済文化代表処の謝長廷代表（駐日大使）らを派遣する。

王氏は中国国民党の所属で1999年から2016年まで立法院長を務めた。蘇氏と謝氏の2人はいずれも民主進歩党に所属。蘇氏が立法院長、謝氏は行政院長（首相）を務めた。3人はいずれも生前の安倍氏と親交があったという。総統府の張惇涵《ちょうじゅんかん》報道官は3人の国葬出席について「台日の固い友情と深い絆を十分に示すもの」と強調した。

7月12日に行われた安倍氏の葬儀には、台湾の頼清徳副総統が「友人」の立場で出席し、中国が猛反発した経緯があった。安倍氏の国葬に列席する台湾の代表団について、現職の高官を派遣するかどうかなどについて、日台双方で水面下の話し合いが進められていたとみられる。

中国外務省の毛寧《もうねい》報道官は今月8日の定例会見で、「『台湾独立』勢力が政治工作を行う場を

安倍晋三元首相の国葬に台湾を代表して参列した台湾日本関係協会会長の蘇嘉全（左）と元立法院長（国会議長）の王金平（右）と謝長廷（2022年9月27日）

提供すべきではない」と述べ、台湾から受け入れる側の日本を強く牽制した。

最高位の「特種大綬卿雲勲章」を安倍元首相に追贈

《2016年に駐日代表に着任した後、安倍晋三とはどんなことを話したか》

安倍総理とは以前から面識があった。2016年6月に東京に着任してすぐ、電話で挨拶したとき、安倍総理から「謝長廷代表の着任を歓迎します。仲良くしましょう」といってくださったことを覚えている。2020年に新型コロナウイルス感染症が急拡大したものの、マスク不足で困っていた日本に、台湾からマスクを贈呈したとき、すぐに御礼の電話をくれた。

その時だったか別のタイミングだったか、安倍先生に「台湾をぜひ訪問してください」と話したことがある。弾んだ声で「いつがいいですか?」と返事があり、「遠からず台湾が福島など5県産の食品輸入を解禁しますので、その直前がいいのでは」とオファーしたところ、大変喜んでくださった。実際は新型コロナ禍が長引いて、実現しなかったのだが。

蔡英文政権は凶弾に倒れた安倍晋三元首相に対し、「長年にわたり台日関係の発展に尽力した」として、最高位の「特種大綬卿雲勲章」を追贈した。

凶弾に倒れた安倍晋三元首相に台湾の蔡英文政権が最高位の「特種大綬卿雲勲章」を追贈し、安倍昭恵夫人（左）を招いて勲章の伝達式を行った謝長廷＝2023年1月26日、東京・白金台の台北駐日経済文化代表処

２０２３年1月26日、謝長廷が台湾を代表し、東京・白金台の台北駐日経済文化代表処に安倍昭恵夫人を招いて、勲章の伝達式を行った。謝長廷はこの日、昭恵夫人に対し、「安倍晋三元首相は台湾に最も友好的な日本国首相でした」と話し、その突然の死去は「台湾をも震撼させ、政府から民間まで人々が思い思いの形で哀悼の意を表しました」と、静かに振り返った。

第4章

日台100年の絆

まさに国民外交、ソフトパワーだ

「あの中継画像を目にしたとき、なぜか感動がこみ上げ、涙がにじんだ」と、謝長廷は話した。

2022年10月10日、台北市内にそびえる総統府の正面。台湾の建国記念日に当たる「双十節《そうじゅうせつ》」式典に、高校生マーチングバンドの強豪で、「オレンジの悪魔」の異名でも知られる京都橘高校吹奏楽部のチームが登場した瞬間だった。

80人を超えるマーチングバンドを率いるリーダーは女子。全員がオレンジ色のユニフォームをまとって軽やかに飛び跳ねながら、しかもひとりひとり、みな笑顔を絶やさず、15分間にわたって圧巻のパフォーマンスをみせた。謝長廷によれば、京都橘高校マーチングバンドの登場時間帯、台湾のテレビ各局の視聴率は、大きく上振れしたという。

高校生マーチングバンドでは、例えば、台北市立第一女子高級中学（台湾では高級中学が高校をさす）のチームも有名で、この日の式典でも登場した。その水準は非常に高いが、真剣な表情は儀仗兵《ぎじょう》のよう。一方で、京都橘高校のチームは時に、日本製のゲームで使われた音源などども取り入れ、笑顔と遊び心、可愛さと情熱に溢れていた。

躍動するパフォーマンスだけではない。京都橘高校の一行は、台北入り後、宿泊先のホテルロビーでパフォーマンスを繰り広げたり、総統府を訪ねてサプライズ登場した総統の蔡英文を握手攻めにしたりした。北一女（台北市立第一女子高級中学の愛称）も訪ね、高校生どうしの交流を楽しんだ。台湾メディアはその一挙手一投足を追いかけた。

謝長廷は、「このときの京都橘高校のマーチングバンドの登場こそ、国民外交の成功例ではないか」と振り返った。日本と台湾の間には外交関係がない。外交、という用語も実際、政府の間では表立って使えない。だが、人と人の心を結び付ける民間の、国民の感情を深めることも「立派な外交だった」というのが、謝長廷のこの日の受け止めだ。

京都橘高校のマーチングバンドが使った楽器には、大きく「ＴＡＣＨＩＢＡＮＡ　50ｔｈ　日台友情　Ａｌｗａｙｓ　Ｈｅｒｅ」と描かれていた。この「日台友情50年」の言葉はすこし説明が必要だ。日本の台湾大使に当たる日本台湾交流協会台北事務所代表、泉裕泰や、同事務所の広報文化部長、村嶋郁代らが、さまざまな場面で語ってきたメッセージの集約だからだ。

１９７２年９月に田中角栄政権が中華人民共和国と国交を結び、台湾の中華民国と国交断絶した。すなわち２０２２年は「日台断交50年」。だが、１９７２年に民間団体として設立された日本側の窓口機関「交流協会」は、経済や文化の交流や人々の往来など国交を失ったこと以外は、可能な限り「友情」を続ける努力をし、台湾側もそれに応えてくれた。

国交なき友情の50年。その貴重な節目の年を示す感謝が「50ｔｈ　日台友情」に込められている。確かに「日台断交50年」と厳しい目で見る日本人も台湾人も多いし、それは事実だ。それでも、国交がある国家よりも、日本と台湾はもっと深い友情を、双方の人々が官民とも努力して培ってきた。より現実に即した表現である、と感じさせた。

ハードパワーという言葉がある。例えば軍事力や経済力など、外交の場面において相手国になんらかの強い立場を示す「力」をさす。それに対し、文化や価値観、エンターテインメントなどへの魅力をかきたて、支持や理解、共感を得て、相手国や人々からの信頼を得る力は、ソフトパワーといわれる。米ハーバード大学大学院教授のジョセフ・ナイが提唱したことで知られている。

外交関係がないならば、あるいは外交関係があっても、政治対立する国家との間ならばまず、ソフトパワーで民間どうし、国民どうしが理解し、共感し、信頼しあう関係を築き上げることがカギになる。謝長廷がいう「国民外交」はまさにソフトパワーだった。京都橘高校マーチングバンドの爽やかな登場に、台湾の人々は深く共感し、魅了された。

双十節の式典で京都橘高校の後、トリを飾ったパレードで、「日台友好」と大書された日章旗と、台湾の旗、青天白日旗が描かれた横断幕を掲げて、衆議院議員の古屋圭司ら日本の超党派議員連盟「日華議員懇談会」メンバー19人が、台湾の友好議員らとともに参加した。日本の国会議員による双十節のパレード登場も初めてだった。

京都橘高校の生徒らは今回、自由行動はできなかったが、日本の高校の間では、海外修学旅行先として台湾が人気トップだ。飛行時間が3時間前後と日本に近く、治安も気候もいい。人々は総じて親切でアットホーム。歴史問題を持ち出して、日本の高校生に懺悔を迫るような大人げない行動を取る台湾人はまずいない。正常な国際交流を経験し、歴史認識も新たにすることができる。

コロナ前の２０１８年度には、５万人を超える高校生が修学旅行で台湾を訪れた。この10年で10倍以上という。大妻女子大学比較文化学部教授の赤松美和子らがリードしている日本台湾修学旅行支援研究者ネットワーク（ＳＮＥＴ台湾）が、修学旅行を通じた10代の青少年による台湾理解を深める支援を行っている。２０２３年度以降は、急増しそうだ。

台北市内の総統府前で行われた双十節の祝賀パレードにはじけるような笑顔で参加した京都橘高校吹奏楽部のメンバー＝2022年10月10日

　謝長廷は、「台湾と日本の交友を未来につなぐ次の世代に、それぞれの実像を自分の眼で見て、信頼度を高めることは非常に大切だ」と考えている。台湾には日本のような修学旅行の制度はないが、「なんらかの形で台湾の若者を日本にもっと多く派遣する方策を進めていきたい」と謝長廷は考えている。国際交流は、百聞は一見にしかず、だ。

二つの祖国を立派に生き抜いた者たち

台湾と日本の交友を未来につなぐ次の世代、に謝長廷が関心を払うのは、「かつて日本語教育を受けた世代の台湾人が一段落した」からだ。一段落、という表現は、悲しいことだが日本語世代の台湾人が高齢で、相次ぎ、この世を去っていることをさす。敗戦によって日本が台湾の領有権を放棄して、2023年で78年。年月はときに残酷だ。

謝長廷は、「2016年に駐日代表に着任してこの間、日本語世代の台湾人が次々と世を去られた。敬愛していた李登輝総統が2020年7月30日に、李登輝先生の親友で、私が副総統候補となった1996年の総統選で、いっしょに選挙を戦った民進党の総統候補の彭明敏《ほうめいびん》先生も2022年4月8日に、それぞれ亡くなられた」と語った。

2人とも台湾で1923(大正12)年の生まれ。亡くなられたときの満年齢は、李登輝が97歳、彭明敏が98歳だ。天寿を全うしたとはいえ、日本語世代を代表する最高ランクの文化教養人の相次ぐ逝去は、残念だった。李登輝は京都帝国大学、彭明敏は東京帝国大学に学んでいる。台湾の地場のことば、台湾語と同様か、それ以上に日本語が母語に近いだろう。

台湾で終戦の1945年まで日本語教育を受けた世代の台湾人は日本に対し、あるいは日本人に対して複雑な愛憎の心を抱きながらも戦後一貫して、あらゆるシーンで日本との交流を牽引するリーダーであったことは疑う余地がない。だが終戦時に仮に10歳まで日本語教育を受けた台湾の子どもも、いまや90歳近い。一線も退かれている。

「日本語世代の台湾人が脈々と築き上げた日本との絆を、いかにして次世代につないでいくかが、駐日代表の大切な役目のひとつ」と謝長廷はいう。その一例として挙げたのは、「戦時中に軍用機製造のため神奈川県などに派遣された台湾の若者や、戦前の台湾で生まれ育った日本人らが、それぞれ作った組織の『青年部』への後押し」だ。

大東亜戦争の末期、神奈川県の「高座海軍工廠」など、軍用機の工場で働くために台湾で何十倍もの倍率を勝ち抜いて選抜された約８４００人の10代の少年がいた。台湾で戒厳令が解除された翌年、１９８８年に少年時代の苦難を懐かしんで同窓会組織「台湾高座会」が発足した。日本での会合にかつて５０００人が集まるほどの勢いだった。

余談だが、台湾の少年工が暮らした寄宿舎の舎監だった石川昭雄を父にもつ神奈川県の元大和市議会議長、石川公弘が２０１３年に出版した『二つの祖国を生きた台湾少年工』（並木書房）に、当時のようすが詳しく描かれている。終戦後、台湾に少年工が引き揚げた船のひとつ、「米山丸」にたまたま乗船していた李登輝とも縁があった。

李登輝は同書にこんな一文を寄せている。「台湾の少年たちが（戦時中の米軍による空爆や食糧難の）恐怖に耐えつつも極めて誠実に勇敢に戦い、戦後は戒厳令下という台湾の最も厳しい時代に耐え、民主化に貢献した。二つの祖国の最も困難な時代を立派に生き抜いた者たちだ」。この表現はすべての日本語世代の台湾人にあてはまる。

この台湾高座会は、総会長で1926（大正15）年生まれの李雪峰《りせっぽう》（2013年に旭日小綬章を受章）らが、がんばって活動を続けている。ただ、その実務は少年工の二世や三世など家族を始めとする台湾の若い世代、台湾在住の日本人に支えられる面が大きい。「こうした青年部の人々への支援をさらに強化したい」と謝長廷は考えている。

台湾少年工のみならず、「湾生」と呼ばれる戦前の台湾で生まれ育った日本人のグループの継承も重要だ。日本統治時代には差別も横行したというが、それでも互いが「第二の故郷」と呼び合った台湾人と日本人の結びつきを絶やさないために、いま、動かねばならぬ。「若い年代の台湾人、日本人の会員を増やすための活動を続ける」という。

振り返れば、戦後の日台経済交流、産業発展は台湾の日本語世代の貢献を抜きに語れない。謝長廷は一例に、コングロマリットである台湾プラスチックの創業者、王永慶《おうえいけい》や、海運航空大手、エバーグリーン（長栄集団）の創業者、張栄発《ちょうえいはつ》らの名を挙げた。戦後、日本企業と力を合わせて、台湾と日本の産業と経済を国際化させた人々だ。

さまざまな困難や紆余曲折を経ながらも、2007年1月5日、開業にこぎつけた「台湾高速鉄道（台湾版新幹線）」は、目に見える成果のひとつだ。日本の新幹線技術が初めて国境を越えて、海外で実用化したのは台湾だった。北部の台北と南部の高雄の区間、約350キロメートルを最高時速300キロメートル、最短1時間半で結ぶ。

李登輝政権の時代に建設プロジェクトが具現化しながらも、民間企業による民間案件がベースで、欧州企業連合と日本企業連合の受注の綱引きや、地震など災害対策、さらに建設費用をめぐる資金難、高速列車の運行をめぐる日台の考え方の相違などに直面した。その時期、行政院長の地位にあった謝長廷は、政治力を発揮している。

台湾版新幹線にも日台の絆

（初出　2021年9月27日付　産経新聞朝刊）

《謝長廷氏は2005年に行政院長（首相に相当）に就任した》

民進党の陳水扁《ちんすいへん》政権2期目のときだった。日本との関係で思い出深いのは当時、建設中だった高速鉄道（台湾版新幹線）に05年11月6日、行政院長として初試乗したことだ。台湾メディアに加え日本など海外記者にも公開され、あなた（当時、産経新聞台北支局長だった筆者の河崎）も一緒だったね。営業最高速度の時速300キロを台南地区で体験して、その歴史的瞬間にまるで小学生のように興奮した。

京都大学大学院への留学時代など、何度か日本の新幹線に乗ったことがあって、当時から日本が羨ましいと感じていた。

それが台湾の地で日本製の高速鉄道車両が快適に走って、時速300キロを味わうことができたのは格別な気持ちだった。台北と高雄の間の距離約345キロを1時間半で結ぶ高速鉄道を、さまざまな困難を克服して実現できたことは実に幸いなことだった。

《どんな困難があったか》

資金面の問題は大きかった。民間企業のプロジェクトではあったが、当初は欧州製の高速鉄道技術を導入する方向で計画が進んでいたものの、(地震や台風など災害対策もあり)、最終的に日本の新幹線技術に切り替えた経緯があった。当初計画よりも建設に遅延があるなどして、行政院として航空関連基金から70億台湾元(現在のレートで約300億円)を支援した。

一部で、欧州から導入した技術と日本から導入した技術が混在する部分があり、現場はその調整に非常に苦労したと聞いている。JR東海を始め日本側の真摯な協力に感謝している。

結果的に日本製の車両が走って、本当によかった。日本のNHKと台湾公共放送PTSが共同制作して、以前放送されたテレビドラマ「路《ルウ》」にも描かれた。

日本でも台湾でも、このドラマを見て新幹線で結ばれた日台の絆を、改めて感じた人も多かったのではないか。

《1945年まで50年にわたって台湾を統治した日本との絆がなおも深いのはなぜか》

史実として、日本は台湾を侵略して支配したのではない。日清戦争に勝利した日本が1895年に、当時の清国（現在の中国）から台湾を割譲されて自国の領土にしたのだ。

高速鉄道を建設するよりもずっと以前から、戦後台湾の経済や産業の発展は、技術や資金などの面で日本企業との連携が鍵を握っていた。海運や航空のエバーグリーン（長栄集団）などが好例だ。

戦前、日本語教育を受けた台湾人が戦後、日本語で日本企業との橋渡し役を担い、日本からの技術や資金の導入、日本や海外との輸出入などで大きな役割を果たしたことが大きな要因だった。

《中国大陸から戦後、台湾に渡って住民弾圧をした国民党政権の統治と、日本時代の統治との対比もよく聞く》

台湾で生まれ育った台湾人を弾圧して、戒厳令も38年にわたって敷くなど、いわば法治とはいえなかった戦後の国民党一党支配の時代が長かった。同じような冤罪に近い容疑で身柄を拘束されたとして、1人は逮捕後に終身刑に処され、別の1人は無罪放免されるというようなケースもあった。戦後台湾は決して法治社会とはいえなかった。

むしろ戦前の日本統治時代の方がしっかり法治が行き届いてはるかに良かった、と考えていた台湾人も多かった。ただし、1987年の戒厳令解除まで、国民党政権の教育は基本的に「反日」だった。李登輝政権になって初めて、公平な評価が徐々にスタートしたのだった。教育を通じて若い台湾人の意識が大きく変わり、日本への親近感も強まった。

台湾高速鉄道（台湾新幹線）の試運転に行政院長として試乗した謝長廷（右から3人目）＝2005年11月6日

烏山頭ダム着工１００年、これからも続く日台の絆

（初出　２０２１年9月28日付　産経新聞朝刊）

《台湾との外交関係を日本が断ってから50年近い》

私が日本政府の国費留学生として研究生活を始めた京都大学の大学院生時代、１９７２年の断交はいま思い出しても確かにショックだった。そうした個人の記憶もさることながら、公的な場面ではさらに厳しかった。

例えば、東京の元麻布にあった「中華民国駐日大使館」は日本の断交によって明け渡さねばならなくなり、台湾の大使館員は重要書類を燃やすなどして片付けて、館内のカギを全て日本の外務省に渡したという。現在は「中華人民共和国駐日大使館」になっている建物だ。

一方で、台湾が守り抜いたケースもあった。東京中華学校や横浜中華学院、大阪中華学校などは日本にいた華僑がさまざまな圧力にも屈せず、中国側に明け渡さずに済んだ。難しい政治状況で、民間の努力が結実した貴重な歴史だったといえる。

２０２２年は断交50年。日本や中国からみれば日中国交正常化50周年かもしれないが、台湾はむしろ断交を嘆くより、日本との間の「１００年の絆」を大切にしたい。

《１００年の絆とは》

例えば台南市で21年５月８日に行われ、蔡英文総統が出席した式典があった。日本人技師の八田與一《はったよいち》が戦前、台湾で建設した烏山頭《うさんとう》ダムの着工１００年を祝うためだ。このダムと灌漑《かんがい》用水の施設によって、不毛な台地だった台湾中南部は広大な穀倉地帯に変わった。農民らはいまも日本と八田與一技師に感謝している。

この日の式典は、八田技師の出身地、石川県の関係者ともオンラインで結んで心を通わせた。そうした民間の絆は外交関係の有無にかかわりなく、台湾と日本の間で数え切れないほどあり、いまも続いている。

蔡総統はこの式典で、「１００年前に烏山頭ダムを造った八田與一の先見の明、勇気と実行力を学び、台湾と日本は新型コロナウイルス対策や気候変動問題などで協力関係を緊密にし、１００年後の子孫に良い環境を残せるよう努力したい」と話した。

台湾はさらに次の１００年に向けて、日本との絆を強めたいとのメッセージだった。国交50年よりもはるかに長い人と人の絆が、台湾と日本の間に残されており、この先も続くという認識だ。
関連イベントも含めて、この日は頼清徳《らいせいとく》副総統、蘇貞昌《そていしょう》行政院長（首相）も出席した。台湾政界トップ3がそろって、ひとつの海外関連イベントに同時参加することは異例なことだが、それほど日本との絆を重要視していることの現れだった。

《日本統治時代に台湾で数々のインフラ建設が進んだ》

ぴったり100周年でなくてもいい。明治から大正、昭和初期にかけて建設された鉄道網や鉄道の駅舎、学校や街並みなど、日本人との深いかかわりが残されているのが台湾だ。インフラや建築だけではなく、農業や工業、教育や衛生、医療など目に見えない遺産も数多い。

終戦まで50年間の日本統治時代、台湾では日本への反発や抵抗も実際あった。ただ仮に、100年前にタイムマシンで戻ることができたなら、あの時代の台湾社会の姿は、経済発展や文明の高さでアジアでも随一の存在だったと理解できるはずだ。

台湾の「中華民国」は10月10日を、「十」が二つ重なる日の「双十節」として国慶記念日にしている。新型コロナ禍で20年は日本で双十節式典はできなかった。21年の式典からは「台湾と日本の100年の絆」を強調するつもりだ。

世紀を跨ぎ、時空を超えた台湾と日本の人と人の心の結び付きが綿々と受け継がれている。

この次の１００年も子供や孫、その子供たちに連なる絆を残したい、と願ってやまない。

台湾にとって日本は歴史的にみて特別な存在だ。日本の方々もその歴史と思いを共有していただければありがたい。

日本人技師、八田與一の銅像に花を手向ける頼清徳＝2021年5月8日、台湾南部・台南市（共同）

第5章

李登輝と謝長廷

犬が去って、豚が来た

半世紀の日本統治が終わった1945年、蔣介石が率いる中国国民党政権の中華民国が「戦勝国」として台湾にのしかかってくる。曲がりなりにも法治と教育、衛生と秩序の近代文明をもたらした日本時代は幕を閉じた。だが、支配者が去った希望も束の間。中国大陸由来の政権が台湾に持ち込んだのは、弾圧と恐怖と混乱の数十年だった。

李登輝に言わせれば、戦後すぐ、台湾人の多くは「犬が去って豚が来た」と感じた。犬は敵がくれば吠えて戦い、家を守ってくれるが、豚は秩序なく食べあさって、太っていくだけ、というほどの意味だ。しかし、その豚は住民に向ける銃口を手にしていた。次なる支配者は、問答無用で台湾を制圧しようと、戒厳令を実に38年間にわたって敷き続ける。

日本統治時代の1923（大正12）年に台湾北部の淡水で生まれた李登輝は、学校教育を日本語で受け、旧制台北高等学校を経て京都帝国大学農学部に進む。戦後、台湾に戻り、米国留学を経て、台湾大学で農業経済学を教える教授になった。台湾の農業振興に尽くす学者像が生涯の夢だったが、1971年、この学者の人生は一変する。

蔣介石の長男で、当時、行政院長だった蔣経国《しょうけいこく》の意向で、支配者の側の国民党組織に組み込まれた。農政に抜本的な改革が迫られていた時期で、農業経済の政策立案に優れた人物が欲しかった。さまざまな身辺調査を経て、李登輝を1971年に入党させた上、党歴わずか1年で農政担当の無任所大臣、政務委員に引き上げている。

その経緯は拙書『李登輝秘録』（産経新聞出版、2020年）に詳しいが、歴史の偶然が重なって副総統に就いていた李登輝は1988年1月13日、このとき総統だった蔣経国の急死により、憲法に則って総統に昇格した。蔣経国の残りの任期、1990年5月まで代理総統の立場ではあったが、台湾生まれの台湾人が初めて総統になった。

李登輝は蔣経国から直接、「中華皇帝の帝王学」の手ほどきを受けた。だが入党後ずっと心の奥底にあったのは、弾圧の支配者である国民党政権を内部から変革し、台湾を正常な民主国家にして、台湾人が夜も安心して眠れる生活を取り戻すこと、この一点だった。その決意を、目に見えて実行に移した最初の会議が1990年の「国是会議《こくぜ》」だ。

国民党内の異論やクーデター騒ぎを抑えて1990年3月の「国民大会」による間接選挙で、代理総統から正式な総統に選出された李登輝。就任の翌月、同年6月に史上初めて、野党の民進党など反体制派を含む政財界、学識経験者、民主化要求のデモを行った学生ら、幅広く約150人を集めたさまざまな意見の集約を狙う「国是会議」を開いた。

このとき、民進党を代表して会議に出席したのが44歳の謝長廷だった。国是会議の結論に法的拘束力はないが、正副総統は有権者の直接投票で選出する、中国大陸で制定された中華民国憲法を大幅に改革する、など5項目の総括を行った。蔣介石から蔣経国に世襲された「蔣王朝」ではありえない地殻変動を、総統の李登輝が起こした。

京都大学の先輩、李登輝さんに教わったこと

（初出　2021年9月6日付、産経新聞朝刊）

《謝長廷代表はいつ、どのように李登輝元総統の面識を得たか》

李登輝政権が民主化に大きく踏み出した1990年だった。6月から7月にかけて行われた「国是会議」の場からだ。政権党だった国民党を率いていた李元総統が、野党だった民進党の関係者や、学生など150人ほど、各界から幅広く集めて意見を集約するための会議だった。

会議の結果に法的な拘束力はなかったが、当時まだ強権主義の色彩が残っていた台湾で、政治体制改革や対中国政策の在り方などを話し合った。このときの議論が、その後の台湾民主化の基本路線にもなった。

私は当時、立法委員（国会議員）で、民進党を代表して憲法の見直しを討議するチームのリーダーだった。李登輝総統（当時）は会議の場で、丹念に出席者の意見を聞き、そこから民主化の方向を構築していった。決して自ら意見を押し通すような姿勢ではなく、誠意があり、野

党からも学生らからも強い信頼を得たことは事実だ。

《李元総統と親密になった時期は》

98年に私が南部の高雄市長に当選したころだ。当時の台湾は台北と高雄の2市のみが中央直轄で、両市長は閣僚に準じる地位にあった。与党だった国民党の主席で現役の総統、李登輝先生、野党だった民進党の私。立場は違えども、台北市長や台湾省長という自治体の首長を歴任していた李総統は、地方行政を丁寧に指導してくれた。

日本統治時代の旧制台北高等学校（現在の台湾師範大学の前身）から、農業経済学の研究を志して京都帝国大学（現・京都大学）に進んで、戦後すぐ、台湾大学に戻ってきた李元総統。戦後、台湾大学から京都大学大学院に進んだ私は、いわば先輩と後輩の関係でもあった。

北京語に台湾語、ときに日本語も交じえて熱心に語りかけ、最後には「これを読んでくれ」と日本語で言って、都市の経営に関する日本の書籍15冊も一度にくださった。与野党の分け隔てなく、台湾の将来を見すえていた李元総統に、心から感謝している。

李元総統は会うたびに、「リーダーは常に自分の中心に信仰と思想をもて。一番大事なことだ」と強調していた。

信仰は宗教だけとはかぎらない。もちろん李元総統が信仰していたキリスト教だけでもない。

正しい道を判断するための心の基準のようなものだろう。京都に色濃く残っている思想の源流、西田幾多郎の「善の研究」についても、さまざまな考えを聞かせてくれた。

《2016年6月に蔡英文政権で、大使に相当する駐日代表に任命されたとき、李元総統に助言を求めたか》

すぐ李元総統に会いに行った。再び政権が交代して民進党が執政党になり、蔡総統が就任したときだ。「台湾はもっと日本との関係を重視しなければいけない。これまでのやりかたでは足りない」と言って、李元総統は数多くのアドバイスをしてくださった。

駐日代表に任命され、台北郊外の自宅に李登輝（右）を訪ねた謝長廷＝2016年5月ごろ

政治でも経済でも日台は運命共同体、というのが李元総統の口ぐせだった。当時はまだ走りの「ＩｏＴ（あらゆるデジタル機器を通信でつなぐ）」「Ｇゼロ（主導国なき時代）」についても語

ってくれた。民進党で最も李元総統に近かったのは私ではないかと思う。

《その李元総統も20年7月30日に満97歳で逝去された》

李元総統を偲んで、東京・白金台の台北駐日経済文化代表処や横浜、大阪の弁事処（総領事館に相当）などで祭壇を設けた。延べ約5千人もが弔問や記帳に訪れてくださった。

麻生太郎副総理兼財務相（弔問記帳の当時）や菅義偉《すがよしひで》官房長官（同）、小池百合子東京都知事ら李元総統に近かった方が次々と弔問し、記帳してくださった。

ただ、21年7月30日の一周忌には祭壇を設けなかった。東京五輪の期間中でもあり、新型コロナウイルスの感染拡大も気がかりだった。残念に思っていたが、台湾のため、日本のためなら、きっと許してくださるだろうと、ずっと心の中で李元総統と会話をしていた。

ご存命だったら李元総統は、東京五輪・パラリンピックを、「将来振り返れば、日本が開催の責務を果たしてくれてよかったと思うだろう。人類が新型コロナに負けずに成功させた」と言ってくれるだろう。李元総統には開催成功を見届けてほしかった。

母校京都大学での講演は「感無量」

（初出　2021年9月7日付、産経新聞朝刊）

《2004年暮れに日本への家族旅行の際、李登輝元総統は母校だった京都大学への訪問はおろか、散策ですら構内に入ることを拒まれたことがある》

李登輝元総統はご家族との旅行で金沢や名古屋、京都などを04年から05年の年末年始で回った。京都でしんしんと雪が降り積もる中、母校の正門前まで行って、キャンパスに立ち入ることは許されなかった。警備の問題とされたが、（中国に対する日本側の）政治的配慮があったのだろう。

そのときの李元総統の寂しい思い、むなしさを想像すると胸が痛む。ただ私は、行政院長（首相）を退任した後の07年12月、京都大学への入構を許されて講演したことがある。李元総統が京都帝国大学在学中に慕った恩師で、農業経済学の権威である柏祐賢《かしわすけかた》先生のご子息で、京都大学教授だった柏久《かしわひさし》先生の紹介だった。

京都帝国大学留学時代の恩師、柏祐賢（左）を京都市内の自宅に訪れた李登輝＝2004年12月31日

京都大学には拒まれたが、04年の大みそかに李元総統は奥さまの曽文恵さんやご家族とともに、当時はご存命だった柏祐賢先生と柏久先生の京都の自宅にうかがい、61年ぶりに師弟関係を温められたのは幸いだった。

あのとき、あなた（筆者の河崎）が産経新聞台北支局長の立場で李元総統の訪日に同行取材し、紙面に掲載された記事や写真に、深く感じるものがあった。２人とも満面の笑みで、手を握り合っていた。京都帝大生の青年李登輝の姿をみたように思う。そのときのおふたりの気持ちは、京都大学の後輩でもある私には深く伝わってきた。

《李元総統が果たせなかった京都大学での講演だった》

李登輝先輩の代理として、後輩の私が母校で講演ができたことは感無量だった。このときの講演では、日本留学で受けた影響について「民主主義には犠牲が必要で、自由は天から与えられるものではないことを学んだ」と話した。台湾が歩んだ民主化の困難はまさに、その通りだったからだ。

私はこの京都訪問のとき、留学中に結婚した妻の游芳枝《ゆうほうし》を伴って、恩師の田中成明《しげあき》先生のお宅を訪れた。そして大学院時代を過ごした宿舎、暁学荘などにも行き、当時の管理人さんの家族と再会して新婚当時の留学生活を懐かしんだ。

2007年12月、母校の京都大学で講演した謝長廷

《20年7月に李元総統が逝去されて、台湾には日米などから要人が弔問に駆け付けた》

日米台が現在のように表立って連携するようになった契機は、このときだったかもしれない。

20年8月、日本から森喜朗元首相、米国からは現職閣僚だったアザー厚生長官（当時）が台北を訪れた。さらに9月の告別式では、再び森元首相、米国務省ナンバー3のクラック次官（経済成長・エネルギー・環境担当、当時）が参列し、安倍晋三前首相（当時）は心のこもったビデオメッセージを寄せ、台湾の人々を感激させた。

弔問のため台北を訪れた日米の方々は、いずれも蔡英文総統に会い、李元総統を偲ぶとともに、台湾との今後の関係についても非公式に話し合ったことは、まさに僥倖《ぎょうこう》だった。

一連の動きが台湾の〝弔問外交〟だったといえるかどうかは分からない。ただし現在は、国際情勢が大きく変化しているタイミングだ。李元総統は亡くなった後でもずっと、天から台湾を守り続け、助けてくれているのではないか、と感じるときがある。台湾を取り巻く国際環境や、国際社会が台湾をみる視線は李元総統が逝去された後、劇的に変わったからだ。


《筆者が21年7月にインタビューした安倍前首相（当時）は、李元総統の墓参りのため台湾への訪問を望んでいると明かし、21年7月29日付の産経新聞朝刊1面に記事も掲載した》

台湾に最も友好的な日本の首相経験者の一人が安倍前首相だった。台湾での人気は高く、大歓迎だ。安倍前首相のご母堂や実弟の岸信夫防衛相（当時）とも、台湾は親しい関係だ。李元総統の墓参のみならず、台北の立法院（国会）で安倍元首相に演説してもらうこともできる。実現を願っている。（その後、安倍元首相は暗殺されて逝去）
こうした日台間の深い信頼関係は、幅広い方々から尊敬を集めた李元総統の遺産といえる。台湾と日本の友好レベルが一段と高くなってきた。さらにこの信頼関係を深めていく段階にある。この連携が日台のみならず、アジアや世界全体にも広がっていくことがプラスで、まさに人類が追求すべき在り方だと考えている。

台湾台中市・東海大学日本地域研究センター主任　陳永峰氏に聞く

「李登輝と謝長廷の思想に西田幾多郎『善の研究』の底流」

《公費留学生として京都大学大学院の法学研究科で学んだ陳永峰氏は、李登輝元総統、謝長廷代表のいわば後輩だ。両氏の言動に京都学派の影響を感じるか？》

自由な学風が伝統である京都大学の「匂い」を感じるのは、政治家として李登輝元総統も謝長廷代表もまさに「現実主義者」ということだ。目の前の政治状況よりも、さらに大きな視野で中長期的に台湾と日本、台湾と国際社会の関係性や方向性を見ている。

政治の世界や国際社会における複雑な現実と、めざすべき理想との間の対立点や矛盾を、新たな考え方で統合し、次の解決策を探す。ヘーゲルの弁証法にみえる「アウフヘーベン（止揚）」を、2人とも台湾を舞台にあらゆる場で実践してきたと感じている。

李登輝氏は戦前の旧制台北高等学校で、最高レベルの教養教育を受け、英語やドイツ語の名著もみな原書で読んだ。謝長廷氏は経済的理由から、戦後台湾で商業高校に進んだが、実務トレーニングを積んだ経験は大きい。ここは現実社会そのものだ。

京都大学大学院法学研究科には「基礎法学」「公法学」「政治学」「民刑事法」の専攻があり、謝長廷先輩はそこで「基礎法学」で法哲学を研究された。台湾大学法学部時代にすでに司法試験に合格していたがゆえの、視野の広い専攻選択であったのだろう。

私自身が京都大学大学院法学研究科に留学していた時期、謝長廷氏の恩師、田中成明先生は確か学部長になられていたと思う。残念ながら当時は、田中先生の授業を直接、聞く機会はなかったが、法学界の重鎮であり、仰ぎ見るような学者だった。

法哲学は、法律の本質論や、観念論、価値論、意味論など幅広く問う学域だ。「法とは何か」という命題の先には、国家とは何か、国民の権利と義務は何か、といった民主主義社会の基本概念との相互関係、社会秩序にまで及ぶ広範な考察がある。

京都学派の創始者である西田幾多郎が1911年に著した「善の研究」が、李登輝氏と謝長廷氏の思想の底流にあるだろう。日本人の哲学的思考によって書かれた日本語の哲学書であり、昭和初期から高度な教養教育を受ける人物の必読書だった。

例えば謝長廷氏が言う「善の循環」という命名にも影響を感じる。たとえば台湾と日本の間で災害が起きるたびに支援しあうなど、善意が善意を生む、という意味の絆を示す表現だ。京都学派の「善の研究」に心酔していなければ、生み出せぬ言葉だ。

また、李登輝氏がかねて話していた「日本と台湾は運命共同体だ」という考え方を、謝長廷氏は直接、李登輝氏から学んで、受け継いだ。日本と台湾の間には課題がなおも山積しているが、運命共同

台湾の東海大学日本地域研究センター主任、陳永峰

体と考え、大局的見地から解決策を探し続けている。

《駐日代表としての謝長廷氏の業績を、台湾からどのように見ているか》

1972年9月に日本が台湾の中華民国と国交を断絶して、2022年9月で50年が経過した。この間、実質的な政府間交渉はなく、原則として民間の交流だけで関係を発展させてきたが、それでも謝長廷代表時代の台日関係がこの50年間で最良といえる。

李登輝元総統の逝去に伴う森喜朗元首相を始めとする日本政界からの弔問による台湾訪問、安倍晋三元首相の暗殺を受けた頼清徳副総統の私人としての訪日と弔問は大きな成果だった。日本からのワクチン緊急提供も謝長廷代表の功績のひとつだ。

もちろんそこには、米国と中国の対立激化や、中国共産党政権によるウイグル、香港などでの弾圧、ロシアによるウクライナ侵攻など、国際情勢の大きな潮流があり、台湾にフォローの風が吹いているとの指摘もある。ただ、そのような条件は日本も同じだ。

軍事上、あるいは経済面で安全保障の観点のみならず、中国湖北省武漢を感染源とする新型コロナウイルスのパンデミックでも、台湾と日本は政策面において相互に助け合うべき必要性があることは明らかだ。一方通行の政策は、もはや通用しなくなった。

とりわけ安全保障の面で、地政学上、米中対立の最前線にいる台湾と日本は、（外交関係なき台湾と日本の間で）政治的な突破が急務となっており、そこに双方の政治家による政治的突破力がどうしても欠かせない。官僚と民間では到達しえない領域だ。

2016年に駐日代表に就任した謝長廷氏は、これまでの数々の外交成果を土台として、突破せねばならぬ安全保障の領域で、台湾と日本が「運命共同体」の構築作業を政治レベルで実現するための、残された仕上げの仕事を完成させていただきたい。

もはや台湾有事は時間の問題だ。地政学的にみて、台湾と日本が共同軍事演習を行って情報を共有し、信頼を確立してく必要があることは誰の眼にも明らかだ。台湾有事はまさに日本有事に直結する。潜水艦技術の日本からの早期供与も欠かせない。

《行政院長まで歴任した謝長廷氏は、確かに強力な政治パワーがある。だが、台湾の外交戦略の根幹は蔡英文総統の政権中枢にある。外交関係なき日本と台湾の間で安全保障面の政治的突破を求めるならば、蔡英文氏のリードが必要ではないか》

対日外交をいかに構築するか。だれが主導権を握るのか。もちろん蔡英文総統の政権が中心だが、台湾において現在、与党の民主進歩党も野党の中国国民党も、有力な政治家の中で、高度な知日派の数は極めて限られているのが実情ではないか。

現実問題として、謝長廷代表に代わり、謝長廷氏よりもさらに政治パワーを発揮できそうな後継者は見当たらない。台湾にとって米国に並ぶ重要な国家である日本との外交関係を司る高度な人材の育成を怠った不作為のそしりを、蔡英文総統は免れない。

これは台湾側のみならず、日本側も同じだ。言語の問題のみならず、政治レベルで台湾と日本の共通利益を追い求めることのできる人材が不足している。人材の発掘や育成は、双方とも最優先の課題であり、国家予算をさらに使って行うべき政策だろう。

謝長廷代表の弱点は、立派な政治経歴にもかかわらず、台湾の内政に対する影響力が徐々に低下していることだ。民進党の正副総統選の候補として2度、出馬し、さらに行政院長まで上り詰めたが、行政院長を退任して十数年。政治力も弱まっている。

一方で李登輝氏は2000年に総統を退任する直前まで、内政に対する絶大な影響力をもち、退任後も台湾の世論や日本の人々に、その姿を強く印象付けた。あるいは2020年7月に逝去した後も、国際的にその存在感の余韻を残している。この差は大きい。

台湾の内政に目を向けると、2022年11月に行われた統一地方選挙で、驚かされたのは若者の投票率の低さだ。日本も傾向は同じだろうが、台湾の場合、蔡英文政権に対する若者の関心が下がった、

郵便はがき

100-8077

63円切手を
お貼りください

東京都千代田区大手町1-7-2

産経新聞出版　行

フリガナ お名前	
性別　男・女	年齢　10代　20代　30代　40代　50代　60代　70代　80代以上
ご住所　〒 （TEL.　　　　）	
ご職業　1.会社員・公務員・団体職員　2.会社役員　3.アルバイト・パート 4.農工商自営業　5.自由業　6.主婦　7.学生　8.無職 9.その他(　　　　)	
・定期購読新聞 ・よく読む雑誌	
読みたい本の著者やテーマがありましたら、お書きください	

書名　台湾民主化の闘士 謝長廷と台湾と日本

このたびは産経新聞出版の出版物をお買い求めいただき、ありがとうございました。今後の参考にするために以下の質問にお答えいただければ幸いです。抽選で図書券をさしあげます。

●本書を何でお知りになりましたか？

□紹介記事や書評を読んで・・・新聞・雑誌・インターネット・テレビ

媒体名(　　　　　　　　　　　　　　　　)

□宣伝を見て・・・新聞・雑誌・弊社出版案内・その他(　　　　　)

媒体名(　　　　　　　　　　　　　　　　)

□知人からのすすめで　□店頭で見て

□インターネットなどの書籍検索を通じて

●お買い求めの動機をおきかせください

□著者のファンだから　□作品のジャンルに興味がある

□装丁がよかった　□タイトルがよかった

その他(　　　　　　　　　　　　　　　　　　)

●購入書店名

____

●ご意見・ご感想がありましたらお聞かせください

(ご回答いただいたご意見・ご感想は広告等で使用させていただく場合があります。)

ないしは支持が下がったことが遠因と考えている。

２０１６年１月に蔡英文氏が当選した総統選挙では、２００８年からの馬英九氏による国民党政権の対中融和策への不信感や不満から、立法院（国会）議会占拠「ひまわり学生運動」が２０１４年３月に起き、台湾の若者はその政治意識の強さを示した。

米国の中間選挙にあたる台湾の地方統一選挙で２０１８年と、蔡英文総統が再選された２年後、２０２２年の２回とも与党の民進党は大敗している。地方統一選は内政が焦点で、地盤の強い野党の国民党に有利に働くのは確かだが、若者の関心は薄い。

２０２４年１月の次期総統選挙を控え、将来の台湾を担う若者が、どこまで国家、国民について考えているのか、その国家観を一刻も早く問わねばならない。日本も台湾の動きを観察しているだけではいけない。台湾も日本もまさにいま、存亡の危機にある。

こうした強烈な危機感と、一刻を争う政治行動、人材の発掘や育成を、謝長廷代表は蔡英文政権の仕上げの段階に入ったいまこそ、死力を尽くし、全うしていただきたい。亡き李登輝元総統の継承者として、謝長廷代表が果たすべき役割はそこにある。

陳永峰（ちん・えいほう）

台湾台中市の東海大学日本地域研究センター長（主任）。政策シンクタンクの東亜政経塾塾長。1968年、台中市大甲生まれ。台北市の国立政治大学卒業後、公費留学生として京都大学大学院に進む。法学研究科で2006年に法学博士号。研究分野は日本地域研究、比較文明・比較文化論・比較政治学。『植民地：オリエンタルリズム・ポストモダン－周辺からみる帝国の交錯－』（翰林日本学など著作多数。翻訳書に梅棹忠夫著『近代日本文明的發展與生態史觀』（2019年、遠足文化事業）など。

第6章

台北で生まれ育ち、いざ京都へ

台北の漢方医一家に生まれて

（初出　2021年9月16日付　産経新聞朝刊）

《謝長廷代表は台湾で漢方医の一家に生まれたと聞く》

父は大正5（1916）年の生まれで漢文の素養もある漢方医だった。台北市内の大稲埕《だいとうてい》という古くから栄えた地域で地元の人たちの診療をしていた。

私は戦後すぐ、46年5月に生まれた。父は漢方医といっても自前の診療所などはなく、漢方薬の薬局で店頭を借りて、診察をしていた。一家はあまり裕福ではなかった。

ただ、父は教育熱心だった。ところがどういう経緯か、私が小学5年生のとき、縫製工場への投資で失敗し、一家はわずかな財産も失ってしまったのだ。その日の食べ物にも困るようになった。

当時の台湾は、小学校は補習などに月謝が必要だった。でも、そんなお金もない。私は学校の先生が使っていた謄写版という小さな機械で印刷の手伝いをしては、月謝分を稼ぎだすなど、工夫しながら勉強への好奇心を紡いでいた。

《少年時代に台北市内はどんなようすだったか》

日本統治時代が終わってまだ何年も経過しておらず、日本語がまだ生活で普通に使われていた。母の実家などはほとんど日本語で話していた。日本の「平凡」「明星」といった雑誌も貸本屋にあった時代だ。雑誌の最後のページに借りた人が判を押す欄があったのだが、日本から届いた雑誌1冊を、100人前後が借りて読んでいたことを覚えている。

吉永小百合、浅丘ルリ子、石原裕次郎らが、あのころの台湾でも人気が高かった。

漢方医の一家に生まれた謝長廷（前列右端）

《日本時代の文化的な影響は戦後も色濃く残ったのか》

戦後、台湾を統治した蔣介石らの

中国国民党政権は、ラジオ放送で日本語の使用を禁止していた。テレビはまだ普及する前のこと。ただラジオではなぜか、宮本武蔵、国定忠治、丹下左膳といった時代劇が毎日のように流れていた。北京語の放送だったと思うが、日本語ではなくとも日本の物語が好評だったのは、いかにも台湾らしい。

日本の歌もメロディーまでは禁じられず、「博多夜船」などの曲を聴いていた。確か1年に5本くらいは日本で製作された映画の上映も認められていて、私は鶴田浩二らの俳優が好きだった。

戦前から台湾に暮らしている世代は、中国大陸から渡ってきた国民党が発行していた新聞は、ほとんど信用しなかった。なかには電子部品を集め、短波か中波のラジオ受信機を自作して、NHKや米国のボイス・オブ・アメリカ（VOA）で海外ニュースをこっそり聞いている強者《つわもの》もいた。

《中学や高校の時代は》

中学校に進むころも一家の貧困が続いていた。バス代がかかる中学はあきらめ、私は歩いて30分で通える成功中学に進んだ。日本（統治）時代から続く歴史ある学校で、台北駅近くにある。

この中学で出会ったのが駱温寿《らくおんじゅ》先生だった。私は駱先生が指導してくれた体操競技に魅了されてしまった。吊り輪など体操競技でメキメキ力をつけ始めていた私を、駱先生は体育教育の優れた高校に進ませようと、あちこち力を尽くしてくれたのだ。

ある日、駱先生は台北で有名な高校の体育教師に紹介するといって、私を自転車の後ろに乗せて学校まで出かけた。

私を外で待たせて、その体育教師と1時間ほど交渉してくれたものの、私は中学時代に体操競技ばかりしていて成績が振るわず、赤点ばかり。結局、このときチャンスは訪れなかった。

駱先生も悔しかったのだろう。「こんな高校は行かなくてもいい」と言って、泣いていた私を慰めてくれた。あのときの光景は生涯、忘れられない。

その後、成功中学の近くにあった商業高校に進学し、そこで吊り輪や器械体操の選手として、さらに力を伸ばしていった。

「五輪」は断念、最難関の台湾大学法学部へ

（初出　2021年9月17日付　産経新聞朝刊）

《高校では器械体操選手としてどんな成績を上げたか》

中学時代に駱温寿先生の指導で始めた器械体操が、私には性に合っていたようだった。日本の国民体育大会（国体）にあたる台湾の大会で優勝したこともある。吊り輪も得意で、金メダルもいただいた。

台湾代表選手としてオリンピックへの出場を真剣に考えたこともあったが、最終的には出場できる水準には達しておらず、あきらめざるを得なかった。だからこそ、21年夏の東京五輪・パラリンピックを赴任先の日本で、自分の目で台湾選手の活躍を見られたことがうれしかった。自分も心の中ではどこか、五輪に出場しているような気分だった。

高校に入って、ちょっとした悩みがあった。吊り輪を始め器械体操のトレーニングを毎日していて、ますます指が太くなってきたことだ。ところがパソコンも携帯電話も、電卓すらない

当時、商業高校で欠かせない算盤《そろばん》の計算では、弾くときに玉が2、3個も同時に動いてしまうのだった。いま思い出せば笑い話だが。

《最難関大学をめざし、さらに司法試験まで合格した》

台湾代表での五輪出場を断念した悔しさが、新たな人生の目標に向けてバネになったのかもしれない。国民党の一党支配による強権政治だった時代。社会のさまざまな矛盾や問題が噴出しており、弁護士という職業が脳裏に浮かび上がってきていた。弟や妹が優秀な学校に進んでいたし、自分はここで人よりも2倍も3倍も勉強して、最難関の台湾大法学部に行くぞ、と心に決めた。

努力の甲斐あって運よく合格したが、台湾大学に入ってみると同級生は右も左も有名高校出身者ばかり。正直、（商業高校の出身に）いわれ

器械体操の選手として日本の国体に相当する台湾の大会に出場。つり輪で倒立を決める謝長廷＝1961年ごろ

なき劣等感を抱いたこともあった。だからこそ今度も、大学でも朝から晩まで毎日、必死に勉強したのだと思う。当時から、私は負けず嫌いだったのかもしれない。

当時の台湾は、弁護士資格の試験と裁判官資格の試験が分かれていた。弁護士試験の方が数段難しく、現職の裁判官が弁護士試験を受けるケースもあったほどだ。試験には例えばローマ帝国時代の法制度を問うといった、大学4年でやっと習うような難しい問題もあったが、独学を続け、3年生のとき無事試験にパスした。

《国民党が強権支配していた時代の台湾社会で、どんな矛盾に疑問を感じていたか》

例えば弁護士資格がいいかげんだった。国民党政権の独善的なルールで、台湾に渡ってくる以前、中国大陸で選出された国民党の立法委員（国会議員）は、すなわち立法府の人間だとの理由で（法律知識は乏しくても）自動的に弁護士資格を与えていた。

裁判官も軍事裁判の場合は、（裁判官など何ら資格のない）軍人が裁判官になるなど、ありえないことが横行していた。

一方で正式な弁護士資格の司法試験は、約1500人が受験してせいぜい7人前後が受かる程度の狭き門だった。

《台湾大学を卒業して、さらに京都大大学院に留学した》

当時、台北市内にあった日本大使館で行われた試験を受けて合格し、晴れて正式な国費留学生として1972年4月、京都大大学院に入った。子供のころから日本語に慣れ親しんできたこともあり、日本への留学は自然な成り行きといえた。

ところが京都で研究生活を始めて半年足らず。大学院生には想像もできないことが起きたのだ。その年の9月に突然、日本が台湾の中華民国と外交関係を断ってしまったのだ。台湾からの国費留学生はいったいどうなるか。不安な毎日が始まった。

京都大学に留学中、突然の日台断交で右往左往

（初出　2021年9月18日付　産経新聞朝刊）

《謝長廷代表が国費留学生となり、京都大学大学院に進んだ1972年4月の時点では、日本と台湾は、なお外交関係があった》

私が日本の国費留学生に合格した71年も、京都大学大学院に入学した72年4月もなお、日台には正式な国交があった。台湾は国号を「中華民国」としている。日本は中国を代表する政権として52年4月、「日華平和条約」に調印。台湾に移った蔣介石が率いる国民党の「中華民国」を正式に承認していた。

ところが私が京都で留学生活を始めてすぐ、72年7月に誕生したばかりの田中角栄政権が、9月に大きな動きに出た。

北京で49年10月に成立したものの、日本政府が承認していなかった共産党政権の「中華人民共和国」と国交を結び、その結果、台湾の「中華民国」と日本は外交関係を断ったのだった。

日本の方々には複雑な経緯に映るかもしれないが、歴史的な事実として台湾の「中華民国」も、北京の「中華人民共和国」も72年当時はまだ、（本家と分家による元祖の争いのように）互いが全中国を代表する政権だと主張して譲らなかった。

このため、日本も米国（79年1月に中国と国交樹立し台湾と断交）も、中台のどちらかを選ばざるを得ない難しい政治事情があった。

《中台間の関係は現在も複雑な国際問題になっている》

双方の主張には隔たりがある。北京側はいまも「台湾は中国の不可分の領土だ」と主張して、武力による領土併呑すら辞さないと公言している。

しかし、台湾の蔡英文政権は中国の一方的な主張を拒否している。共産党政権と中華人民共和国は歴史上、一度も台湾の領域を支配下に置いたことがない。

台湾は現在、中国とは異なる存在だと考えている。台湾は台湾、中国は中国だ。そうした歴史と現在の厳しい状況を日本の方々にも、もっと幅広く知っていただけたら、有難い。

台湾の正式な名称や憲法、社会のありかたには議論の余地があり、一朝一夕には解決できないだろう。ただ、われわれ台湾は、民主主義の価値観を共有する存在として、日米欧をはじめ国際社会とさらに協調していきたいし、世界保健機関（ＷＨＯ）などの国際機関にも、一層の貢献をしたいと願っている。

《留学生活を始めてすぐ、国交を失うことになって、混乱はなかったのか》

台湾の「中華民国」は71年10月に国連脱退を余儀なくされ、一方で中華人民共和国が国連に加盟し、安保理で常任理事国の座についたため、不穏な空気は感じてはいた。それでも72年9月の日台断交は衝撃だった。このニュースを聞いたとき、台湾からの留学生はみな、将来への不安でいっぱいだったことを、いまでも覚えている。

国費留学生としての日本政府支給の奨学金が打ち切られるのではないか。日本に滞在するための査証（ビザ）はどうなるのか。このまま京都で研究を続けられるのか。留学生のみならず、台湾と日本の関係そのものの方向性すら見失いがちな日々だった。

《日本政府は台湾からの留学生に当時どう対処したか》

日本政府は断交後も台湾との実務関係を維持しようと、外務省と通産省（現在は経産省）共管の民間窓口機関として、「財団法人交流協会（現在は公益財団法人日本台湾交流協会）」を72年12月に設立した。

留学生への奨学金やビザなどの取り扱いも、交流協会に移管されて事なきを得たのでほっと胸をなでおろした。この窓口機関は台湾にも事務所を置いて、台北市と高雄市で事実上の日本大使館や領事館の機能を果たしている。

台北駐日経済文化代表処も台湾側の同様な窓口機関だ。今後さらに、この双方の民間関係をより高いレベルに引き上げることができれば、日台関係は一段と発展することだろう。

雪の京都、家族3人でこたつに

（初出　2021年9月19日付　産経新聞朝刊）

《京都大学大学院での留学時代はどんな勉強をしていたか》

台湾大法学部の在学中に、すでに台湾の弁護士資格を得る司法試験に合格していたので、より深い法学研究に興味を抱いていた。大学院で選んだ研究テーマは「法哲学」。法律の本質や目的を考える領域だ。法の理念とは何か、法の正義とは何か、国家とは何か、悪法も法なのか、といった研究だった。

1972年に留学して最初の年は南禅寺近くの学生寮「暁学荘」に住み、「哲学の道」を歩いては思索にふけっていた。京都に縁の深い哲学者、西田幾多郎の「善の哲学」なども必死に勉強した。前身の京都帝国大学に学ばれた李登輝元総統も西田哲学には造詣が深かった。90年代に面識を得て話をうかがったときも、どこか底辺に共通する哲学的な考え方を、李登輝先輩に感じた。

私の指導教官だった加藤新平先生は学究一筋の厳しい方で、先生がお帰りになるまで学生もみな研究室に残っていた。

《謝長廷代表は京都留学時代に結婚した》

台湾大法学部のクラスメートで将来を約束していた游芳枝《ゆうほうし》と73年に結婚し、京都に呼び寄せた。京都一乗寺に小さなアパートの部屋を借りて生活を始め、すぐ娘が生まれた。大学院の研究室に毎日遅くまで残っていたが、日曜日だけは家族3人で過ごし、娘の成長に合わせて、銀閣寺や八坂神社、嵐山などに行ったのは懐かしい思い出だ。

台湾人にとっては珍しい雪が降る冬が楽しみでもあった。南国生まれで、寒さは身にしみたが、小さな部屋でこたつに3人でいっしょに入り、私は必死に日本語で論文を書いていた。苦しかったことよりも、楽しかったことや、懐かしい光景ばかりを思い出す。

《半世紀前の留学生活は経済的につらかったのでは》

日台断交の結果、私は日本政府の国費留学生ではなくなったが、日本の交流協会が引き継いで公的な奨学金を断交前の取り決め通り出してくれたので助かった。それでも妻と娘の一家3

京都大大学院に留学中の謝長廷。妻と娘とともに＝1975年ごろ

人で、物価も安くない京都市内で暮らす生活は楽ではなかった。

近くに台湾出身の方が経営していた中華料理店「蓬萊《ほうらい》」があり、そこで妻と2人でアルバイトを始めた。2年間くらい続けたと思う。店内で注文を取って料理を出したり、洗い物をしたり、出前に行ったりした。京都御所の近くにあった警察署にもよく出前に行ったことを思い出す。

地元の人は留学生にもみな優しかったことを覚えている。私は器械体操で鍛えた身体だったが、ラーメンや中華丼などを運ぶ出前は重たくて、家内はきつかったと話していた。それでも親子3人、苦難を一緒に乗り越えたことは、忘れられない。

《京都市は21年9月10日、台湾の高雄市と協定を締結した》

私にとって思い出深く、ご縁のある京都市が台湾の台南市に続いて、高雄市とも協定を結んだことは、ありがたいことだった。今回はオンラインで協定書締結式を行い、門川大作京都市長と陳其邁《ちんきまい》高雄市長が調印した。

私もオンライン同席したが、かつて高雄市長を経験した身であり、忘れられない日になった。産業、観光、文化、教育などの分野で交流を進めて、両市が友好関係をさらに深めることを確認した。

以前も話したが、この年齢になって改めて感じるのは、人生に「偶然」などなく、いずれも「必然」で結び付いていたのではないか、ということだ。

京都も高雄も、そして器械体操も五輪も、台湾と日本も、どこかに意味があり、理由があって、結び付いたとしか思えない。成功中学で「君は体が柔らかいから体操競技をやってみろ」と勧めてくれた駱温寿先生がいなければ、この年齢まで現役で台湾と日本のために働ける健康な身体だったか。そのことも深く感謝している。

台湾大学で生涯の伴侶との出会い

謝長廷は夫人の游芳枝と、どこで出会ったのか。日台関係研究会叢書5『日台関係を繋いだ台湾の人びと2』（展転社、2018年）に当時のようすが描かれている。編者の平成国際大学副学長、浅野和生教授の許可を得て以下、引用する。台湾大学のクラスメートとして出会ったところ、游芳枝はまさか、法学部で弁護士をめざしていた謝長廷がこの先、台湾民主化を命懸けで闘うことになるとは、想像もしなかっただろう。

民国56（1967）年、台湾大学に入学した頃の謝長廷は、新入生としての自身や期待感に溢れていたと言うより、むしろ自分が中学・高校時代に十分に勉強してこなかったので、各学校から台湾大学に入学した優秀な学生たちと一緒に、同級生として学ぶことに恐怖を感じていた。それで中学・高校の学習内容について、改めて学びなおさなければという強迫観念をもっていた。（中略）

当時の謝長廷を知る人は、「サビだらけの自転車に乗っていて、ポケットには何十回も読んでボロボロになった文庫本をいつも入れていた。野球観戦の時でも、ちょっとした合間にその本を取り出していた」と語っている。

大学一年のときの謝長廷は、台湾大学法学部の法学コース、つまり主として学問研究を目指すコースに在籍していた。当時は三分の一の学生が単位を落としたが、謝長廷の成績は全体として悪くなかった。しかし英米法だけが良くなかったため、進級できるかどうかきわどい思いをすることになった。

結局進級したのだが、一つの科目のために平均点が下がって緊張する羽目に陥ったので、大学二年生になるとき、英米法は必要ない司法コースに移籍することにした。

この頃、後に生涯のパートナーとなる游芳枝は、台湾大学法学部の同学年として司法コースに在籍していた。つまり謝長廷は、二年進級時に司法コースに変更したことで、游芳枝と出会うことになったのである。しかも、二人はともに日本語の授業を履修したので一緒に授業を受けた。

謝長廷は、日本語はクラスの中で比較的よくできたので、この授業は二人が近づく良いきっかけになった。

第7章

台湾民主化の闘士、弁護士編

正義を守るのが弁護士の仕事だ

（初出　２０２１年９月20日付　産経新聞朝刊）

《京都への留学を終えて、いよいよ台湾で弁護士になった》

１９７６年に京都大学大学院の博士課程を修了して台湾に戻った。そこで台北市内で見習いとして入った弁護士事務所のトップ、劉旺才《りゅうおうさい》先生の影響を強く受けた。

日本大学に留学経験のある日本語も達者な弁護士の大先輩で、「弁護士は必ず在野精神を持て」と話していた。私は弁護士資格に加え、裁判官試験にも通っていたのだが、劉先生は、「裁判官になったら在野精神を失う」とも言って、反骨の「在野」に終始こだわっておられた。

台湾では当時、弁護士の多くは刑事事件を避け、民事に注力する人が多かった。大企業の顧問弁護士を狙う方が、収入がはるかに多かったからだろうし、戒厳令が敷かれていた国民党政権下で政治問題にかかわることに、リスクを感じていたかもしれない。

一方で、劉先生の指導や、そもそも私の考え方もあり、事務所で顧問の仕事をして収入を得ながらも、無報酬で社会貢献のための仕事にも力を注いだ。

不動産取引などにからみ、市民が不利益を被る社会問題を支援したことがある。「市民法律サービスセンター」という組織をつくって責任者になった。ようやく認識が広がり始めていた消費者保護の観点から、無償で相談を受けて弁護士として仕事をした。

1976年に台湾に戻り、台北の弁護士事務所で新人弁護士として働き始めたころ

《無報酬でのボランティア弁護士は珍しかったのでは》

当時はそうだ。さらに私は日本で言う国選弁護人のような「法的救済」の弁護士としても働いた。弁護士費用を支払う能力のない人も少なくなかったのだ。70年代には台湾でも社会運動が各地で起きるようになっていた。

国民党の一党支配で、台湾ではなおも戒厳令が敷かれていた時代。民主化要求運動は「反乱だ」と決めつけられるような時代だった。

そうした社会運動の弁護も引き受けるようになったため、顧問になっていた企業の何社かが政治リスクを感じて、契約を解除するようになっていた。

ただ、私は日本で法哲学を学んだ台湾人弁護士として、世間からなんといわれても、自らが正しいと考えれば胸を張って政治問題も取り組んでいくべきだ、との強い信念を持っていた。

《戒厳令の時代にあって家族は心配したのではないか》

漢方医だった父、謝仁寿はこのころすでに亡くなっていたが、生前はよく、「決して政治にかかわるな」と話していた。

妻もとても心配していたが、私は、「積極的に民主化運動などの弁護を引き受けに行くことはしないが、(先方から弁護を)依頼されて拒否したら弁護士としては失格。正義を守るのが弁護士の仕事だ」と説き伏せていた。

自由な民主主義社会の日本から戻ったばかりで、当時の厳しい台湾社会の締め付けや政治体制に反発していたのかもしれない。やはり日本での生活の影響は大きかったといえる。

79年12月10日、世界人権デーにあわせて南部の高雄市で言論の自由などを求める無許可デモがあり、警官隊と衝突して参加者が多数逮捕された。「美麗島事件」と呼ばれ、暴動事件のごとく報じられたが、私はその動向を注視していた。

翌80年の1月、台北の弁護士事務所に突然、美麗島事件でデモのリーダーだった姚嘉文《ようかぶん》の夫人、周清玉《しゅうせいぎょく》さんが現れた。

姚夫人の来訪に気づいた瞬間、私は「自分のこの先の運命が大きく変わるだろう」と直感した。亡き父の言いつけを破らざるを得なくなってしまうかもしれないと……。

弁護すべきは「台湾の民主化運動」だ

（初出　２０２１年9月21日付　産経新聞朝刊）

《姚嘉文夫人は美麗島事件で逮捕された夫の代わりに謝長廷弁護士に会いに来たのか》

そうだ。私が社会運動の弁護を引き受けていると聞かれたのだろう。訪ねてきた夫人の周清玉さんから、姚嘉文先生の弁護を依頼された。１９７９年12月に高雄市で起きた「美麗島事件」でリーダーのひとりだった姚氏は弁護士であり、民主運動の支援もされていた。

民主化を求めて国民党政権を批判したデモで、集会申請が何度も却下されていた。このため無許可の不法デモが治安部隊との衝突に発展した美麗島事件は「反乱罪」が適用され、軍事裁判が決まっていたのだ。最悪の場合、死刑となる重罪だ。

国民党に属さない政治活動は当時、「党外」と呼ばれていた。党外でも急進派から穏健派までさまざまな勢力があった。ただ、民主活動家が寄稿していた雑誌「美麗島」を中心に勢力が結集して、国民党の一党独裁や台湾での人権弾圧などに反発を強めていたのだった。

《政治運動など厳しく取り締まられる戒厳令の時代だった》

戦後、台湾を支配した蔣介石率いる国民党政権は、台湾住民を弾圧していた。特務機関の警備総司令部が49年5月に台湾全土に敷いた戒厳令は、87年7月に蔣経国総統の時代に解除されるまで、実に38年も続いた。

中国共産党の勢力や台湾独立を企てる人物だ、などと罪状を決めつけて、一方的に人々の命や自由を奪っていた。世界で最も長い戒厳令が台湾人を苦しめた史実を、ご存じない日本の方も多いだろう。

戒厳令で憲法が停止されており、特務機関が政治犯として検挙すれば、軍事裁判で刑務所に長期間、送り込むこともできた。冤罪のケースが数多くあり、戦前、日本の高等教育を受けた台湾人は特に、危険分子として狙われていた。

《民主化要求デモで弁護を引き受けるのは危険だった》

美麗島事件が起きた79年はまだ、戒厳令のさなか。重大な政治事件でもあり、私の家内は（姚嘉文先生の弁護を引き受けることに）大反対だった。私や家族の身にも危険が及ぶのではないかと。

ただ、弁護士としての私の原則があり、姚夫人からの依頼を拒むという選択肢はなかった。家内には「法廷で弁護するだけで逮捕されることはない」と説明して、「政治活動には関与しない」と約束したが、しばらくして、約束は破ることになってしまった。

私が強く思っていたのは、引き受けるのは姚氏個人の弁護ではなく、民主化要求デモという事件そのものの弁護であり、被告は姚氏ではなく、台湾の民主化運動だということだった。台湾の民主化運動が有罪かどうかを問うたのだ。

《軍事裁判の判決は》

海外への通信手段も乏しかった終戦直後の弾圧とは異なり、すでに美麗島事件は国際的にも注目される時代になっていた。留置場で接見した姚氏と当たり障りのない会話をしながら、監視している憲兵の目を盗んでは、海外や台湾での事件への関心や評価などを書いた紙を見せて、真意を伝えた。

信念の強い姚氏だが、台湾社会は決して姚氏を見捨てていないと伝えたかったのだ。

結局、姚氏は懲役12年の判決を言い渡された。弁護側は、「反乱などではない。乱判（乱れた裁判）だ」とも反発したが、有罪は避けられなかった。

ただ、幸いだったのは姚氏が87年に仮釈放され、90年5月には現役総統だった李登輝先生が政治犯の特赦と公民権回復を行ったため、姚氏を含む計34人が自由の身になったことだ。

この裁判で陳水扁元総統や蘇貞昌行政院長（首相に相当）らも当時、弁護士として加わっていた。86年9月に台湾初の野党、民進党を結党する契機になった事件でもあった。

台湾の民主化運動の弁護に立ち上がったころの謝長廷

誘拐殺人犯の妻の弁護を引き受け

（初出　2021年9月22日付　産経新聞朝刊）

《弁護士時代の仕事で、最も記憶に残っている事件は》

1979年に起きた美麗島事件で姚嘉文氏の弁護もそうだったが、97年に起きた残忍な誘拐殺人事件と、その犯人による籠城事件は衝撃的だった。私はその過程で犯人の妻の弁護を引き受けねばならなくなり、一部から激しい非難を浴びたことがある。その当時、私は98年の高雄市長選へ出馬する準備をしていた。

台湾の有名女性歌手、白冰冰《パイピンピン》さんの娘、白暁燕《パイシャオイエン》さんが97年4月、下校途中に誘拐された。暁燕さんは当時、高校2年生だった。

犯人グループは、身代金として500万米ドル（現在のレートで約6億5千万円）を要求したが、監禁中に指を切り落とすなど恐ろしい虐待をした上、下水溝に遺体を遺棄して、台湾社会を震撼させた。

7人の犯人グループは商売に失敗するなどして多額の借金を抱え、社会と富裕層を逆恨みしていた。捜査当局が次々と逮捕したものの、主犯格ら3人は逃走を続け、半年以上が経過した11月、最後の1人、陳進興《ちんしんこう》という男が台北市内で南アフリカ大使館の駐在武官宅に短銃を持って押し入り、武官ら5人を人質に立てこもったのだ。

その陳が自分の妻の弁護を私に依頼してきていた。

《犯人がなぜ自分の妻の弁護を求め、謝長廷弁護士を指名してきたのか》

かくも残虐な行為を犯し続けた陳だったが、自分の妻が共犯にされて捜査当局からひどい拷問を受けたとして憤慨し、妻は無実だ、冤罪だと言って私の事務所に弁護依頼の手紙を出していたのだった。南ア駐在武官宅に籠城《ろうじょう》したとき、台湾各局がテレビ中継を始めたが、そのなかで犯人が私を名指しで呼んでいると報じられ、驚いた。

当時、いくつかのテレビ番組に出演するなど、人権派弁護士としても知られるようになっていた私に、陳は白羽の矢を立てたようだった。逃走中に弁護依頼の手紙を私あてに郵送していて、私の秘書がその内容を改めて確認した。

籠城事件の発生時に高雄市にいた私は、ニュースを見て翌朝一番のフライトで台北に飛び、すぐ籠城の現場に向かった。駐在武官本人と女の子1人は解放されていたが、武官の妻と乳児を含む子供2人の計3人がなおも人質になっていた。

《籠城の現場はひどく混乱していたと聞く》

多数の警察隊が南ア駐在武官宅を取り囲んで、さらに何台ものテレビ中継車からカメラが向けられていた。到着後すぐ私は、包囲していた警官隊に何度も何度も事情を話したが、中に入ることは許されず、やむなく台北の自宅に引き上げた。

ところが籠城していた陳がテレビ中継に映った私の姿を見かけたようで、私が来ていたとして、警官隊に向かって私を呼び戻せと要求したそうだ。警察署長が私の自宅に電話をかけてきて、すぐに現場に来てほしいと求めてきた。

日本人の駐在員らも数多く暮らし、日本人学校もある台北市北部の天母という地区が籠城の現場だった。警官隊がなんとか説得を試みようと、陳の妻と2人の間の小さな男の子を連れだして、籠城する建物の中に入れる姿がちょうど目に入った。このとき私は、覚悟を決めたのだった。

《またも危険を冒した》

当時まだ台湾は南アフリカと外交関係があった。南アの大使館付駐在武官や、その家族の身に万一、被害が及ぶことになれば台湾にとっても南アにとっても、重大な外交問題になる。

一人娘を虐殺された白冰冰さんは現場付近で、「犯人をすぐに射殺しろ！」と叫び続けていた。ただ私は、何としてもまず人質3人を無事に解放したかったのだ。

弁護士時代、銃を持った凶悪犯が人質を取って籠城した住宅に到着した謝長廷＝1997年11月19日、台湾・台北市内（一部画像を処理しています）

籠城した凶悪犯をスーツ姿の丸腰で説得

（初出　2021年9月23日付　産経新聞朝刊）

《人質3人を盾に籠城した誘拐殺人犯に呼び出されたというのも、驚く話だ》

籠城現場は南アフリカの大使館付駐在武官が台北で家族と暮らしていた高級住宅街だ。短銃を手に、武官の妻と子供2人を人質に、籠城していた陳進興という男は興奮状態だった。

1997年4月に女子高生を誘拐して殺害、遺体を遺棄して逃亡していた凶悪犯。とにかく人質3人の安全確保が最優先だった。

現場に到着して陳と電話で少し話した後、警官隊が包囲する建物に入った。陳は高い場所に陣取り、人質に銃を向けながら大声で叫んでいた。

しかし、覚悟を決めていた私は、防弾チョッキも銃もヘルメットも、何もない丸腰だ。

私の妻はあの日、現場のテレビ中継を見て泣き続けていたそうだ。再び籠城現場に向かう前に、「陳進興から弁護を依頼する手紙を受け取った。人間は何のために死ぬか。弁護士は正義のために最後まで尽くさねばならない」と話した。「万が一のことがあったら、交通事故に遭ったと思ってくれ」と言い残して、振り切るように自宅を出たことを覚えている。

《何故そこまでして引き受けたのか》

投降を説得できるのは、陳が弁護を求めてきた弁護士の私しかいない、と思った。陳は私の丸腰でスーツ姿に驚いたようすだったが、地元の台湾語で話すうちに、だんだん私を信用してくれるようになった。そして今度は懇願するように、自分の妻の弁護を依頼し始めたのだった。陳は、「自分や仲間が起こした誘拐殺人の問題で、自分の妻が捜査当局に共犯の疑いで拘束されて、拷問されて自白を強要されたのは絶対に許せない。裁判になったら妻を弁護して無罪にしてくれ」というのだった。

卑劣な犯罪を起こし、女子高校生を殺害していた陳にも、なぜか自分の家族への愛はあった。警察の手配で、説得に連れ出された陳の妻が連れていた小さな男の子の姿を見ていたことを思い出し、私は陳をこう説得した。

誘拐殺人を起こしたおまえは間違いなく死刑になる。だが籠城した上、さらに人質を殺傷したり、警察官を死なせたりしたら、かわいい子供も、おまえが弁護を依頼する妻も生涯、さまざまな困難に陥ってもっと苦しむぞ、と。

そして、「妻の弁護は確かに引き受ける。だから投降してくれ」と訴え続けた。

《陳と妻はその後、どうなった》

陳は私の説得を聞いているうちに、うなだれて子供2人の解放に同意した。私は外に出てメディアの記者向けに状況を説明し、再び建物の中に戻った。すると陳は妻と最後の別れに15分だけほしいと言い、最後に、「ありがとう」と私に言って投降し、籠城事件は約24時間ぶりに解決したのだった。

私が弁護を引き受けた陳の妻は、逃亡幇助の罪には問われたが、共犯ではないとして懲役9月の判決を受けた。

一方、誘拐殺人犯の妻を弁護したとして、私を非難する声も広がっていた。98年12月の高雄市長選の選挙期間と重なり、候補者の私は苦しい立場に置かれていた。陳の妻を弁護しても、もちろん報酬などない。可愛い娘を誘拐されて殺害された母親の心情も痛いほどわかる。しかし、陳との約束は果たさねばならなかった。

それでも、高雄市の有権者は私の行動に理解を示してくれた。国民党の候補者を抑えて、高雄市長に当選することができたのは幸いだった。

悲惨な事件に遭った武官一家だったが、南アに無事帰国し、私宛に感謝の手紙を送ってくれた。高雄市長選の集会で、南アからの手紙を第三者として読み上げてくれたオーストリア人は、その後、同国の大使館員として日本に赴任し、東京でもよく連絡を取り合った。人生には不思議な縁もあるものだ。

当時弁護士だった謝長廷（後段中央）の説得に応じて投降した陳進興実行犯（前段左から2人目）と妻（同右）＝1997年11月19日、台北市内

美麗島事件と誘拐殺害事件の時代背景

謝長廷の人生を大きく揺さぶった美麗島事件と誘拐殺害事件の背景を、すこし補足したい。国民党の強権主義が台湾社会にもたらした不満のマグマ、抑圧された怒りと人心の混乱、民主化への渇望は、悲愴なまでの様相を呈していた。そうした戒厳令時代の弾圧への反発が、一気に噴出したのが1979年12月10日の美麗島事件だった。

この事件の名は、1979年8月に創刊されていた月刊誌「美麗島」にちなむ。国民党の一党支配体制に反発し、民主化を要求してきた人物が集結し編集した政治雑誌だ。その発行元が世界人権デーの12月10日に呼びかけた高雄でのデモに、約3万人の台湾人が集まった。これに国民党政権は、集会を違法として憲兵隊を動員し、弾圧した。

首謀者として逮捕された8人(うち女性2人)が反乱罪で軍事法廷にかけられ、1人に無期懲役、7人に懲役12年から14年が言い渡された。雑誌発行元の幹部で懲役12年の判決を受けた弁護士、姚嘉文。謝長廷が法廷で弁護を担当した人物だ。「美麗島事件こそが台湾の民主化、現代化、国際化の分岐点だった」と、姚嘉文は話した。

謝長廷も重要な役割を果たすことになる1986年9月の野党、民進党の基礎が、この事件にあることは間違いない。事件の弁護を務めた謝長廷や、2000年に総統選に当選することになる陳水扁らが、民選が始まっていた1980年代から、台北や高雄の市議会選、台湾省議会選などで無党派として当選し、密かに野党結成へ準備を進めた。

事件で反乱罪の重罪に問われた8人は、李登輝の総統時代、いずれも減刑されて出所し、民進党や政権の幹部として活躍の場を得ることになる。陳水扁政権で公務員の採用などを行う考試院の院長となった姚嘉文は、1970年代から国民党政権の独裁と闘った民主化の闘士が、台湾を動かす立場になったことについて「万感の思い」と話した。

日本でも一時期、芸能活動をしていた台湾スター歌手、白冰冰の娘で17歳の女子高校生、白暁燕さんが台湾で何者かに誘拐され、身代金500万ドル（現在のレートで約6億5千万円）を要求された事件で、暁燕さんが台北郊外の工業地区、五股（ウーグ）で変わり果てた姿の遺体で発見されたのは、1997年4月28日夕刻のことだった。

警察発表によると、暁燕さんの遺体は排水溝で発見され、左手小指がなく、重しをしばり付けられていた。台湾社会を震撼させていた誘拐事件は、暁燕さん惨殺という最悪の結果となった。このとき現役の総統だった李登輝は、28日夜、「全市民は悲憤を超えて犯罪を撲滅しよう」と強い口調で異例の声明を発表。改めて緊急対処を命じている。

暁燕さんは4月14日朝、登校途中に誘拐され、犯人の指定した場所から暁燕さんのものとみられる左手小指や写真が見つかった。警察は25日、犯人グループ４人を逮捕したが、主犯とされる林春生、陳進興らは逃走、暁燕さんの安否が気遣われていた。誘拐後、虐待されていたとの情報もある。18日から20日にかけて殺害されたようだ。

有名人の子女が狙われて被害者となっただけでなく、あまりにも残忍な手口や身代金の巨額さなどから、台湾のみならず当時、日本でも報じられて社会に大きな衝撃を与えた。事件が起きた１９９７年当時、李登輝政権による民主化が進み、社会も安定し始めていた台湾だったが、貧富の格差や暴力の横行など、混乱もなお一部に残っていた。

謝長廷は人質をとって籠城した陳進興の投降条件で、その妻の弁護を引き受け、白冰冰らから「(凶悪犯をかばった）人でなし」と激しく非難される。むろん遺族への同情は禁じ得ないが、謝長廷が立候補した高雄市長選で、人質を全員無事に救出した行動力が「正義感の強さ」と受け止められて当選したのは、有権者の意識の高さともいえた。

第8章

台湾民主化の闘士、政界編

台湾初の野党結成、妻には遺言書を残し

（初出　2021年9月24日、産経新聞朝刊）

《時代はだいぶ遡るが、謝長廷代表は1986年、台湾初の野党結成に関わった》

日本がバブル景気に向かって経済繁栄を謳歌していた86年、当時の台湾には実のところ「結社の自由」も「言論の自由」もなかった。中国大陸由来の国民党政権による一党独裁で、49年に敷かれた戒厳令がなおも続いていた時期だ。強権主義も人権弾圧も、現在の中国共産党政権と状況は似たり寄ったりだったと言ってもいい。

国民党に属さない組織や人物の政治的な活動は「党外」と扱われ、野党の結成は即刻、逮捕される危険があった。それでも、79年12月に起きた美麗島事件をきっかけに民主化を求める勢力が密かに、力を合わせていく道を探していた。

国民党政権に対してのチェック・アンド・バランスの観点からも台湾の人々にとって、野党の結成は悲願だったのだ。86年12月の立法委員（国会議員に相当）選挙を控えていた9月28日、

電撃的に「民主進歩党（民進党）」結党を台北で発表した。

《このとき治安当局に摘発されなかったのか》

野党は当時〝秘密結社〟のようなもの。美麗島事件で逮捕された人物や弁護士ら民主化を求めるメンバーは、極秘裏に準備を進め、事前に情報は漏れなかった。特務機関などが手薄になる週末を選び、台北市内のホテルで別の名目で開いた会合で突然、結党を公表したのだった。いまだから明かせるが、この日、私は「遺書」を書いて妻に渡していた。妻との約束を破って、政治活動に乗り出してしまったのだ。仮に摘発され政治犯となって処刑されたとしても、戦後の台湾で初めての野党、民進党が1日でも存在した、との記録が台湾史に刻まれればいいとまで思い詰めていた。

結党の日、美麗島事件でデモに参加した民主活動家や、私のように事件の裁判を支援した弁護士ら、百人以上が会合に参加していた。美麗島事件こそが民進党の出発点だった。

《党名の由来はどこにあったか》

民主進歩党という党名は私が提案したものだ。党外、と言われた人たちの中には、民主主義の政治を求める中でも比較的、保守的な考え方の人々と、労働問題や環境問題などリベラルな志向を強く抱く人々など、一枚岩にはなりにくい素地があった。

しかし、国民党の一党独裁に立ち向かって民主主義を勝ち取るためには、大同小異で一致団結する以外に手はない。保守的な「民主」と、リベラルな「進歩」を合わせた党名にして、共闘を訴えたかった。

ただ当時、台湾のメディアに野党結党はほとんど無視され、中国時報という大手紙のみが短い記事を書いただけだった。

《国民党政権の反応は》

86年の当時、総統だった蔣経国は、民進党の結党から3日ほどたって、李登輝副総統に「(民進党は) 民間の法人として扱えばいい」と言ったという。国民党も野党の登場はやむを得ないと考えていたようだった。事実上の黙認、といっていいだろう。米国から国民党への民主化要求の圧力も背景にあったはずだ。

台湾の有権者は初めての野党誕生に敏感に反応した。86年12月の立法委員選挙などで民進党の候補が相次ぎ当選。さらに87年7月には、蔣経国が戒厳令を38年ぶりに解除し、その後、がんじがらめだった報道にも自由を認めるなど、時代は大きく変わっていく。

《民進党は２０２１年で結党35年となった》

あれから35年とは感慨深いものがある。結党から14年目の２０００年、総統選で勝利して与党の座を得た。国民党以外に選択の余地がなかった台湾政治を根底から塗り替えたのだ。（08年に下野したものの16年に）政権を奪還して再び与党になり、台湾の前途で「自主自決」の立場を貫いている。中華文化圏でも民主主義社会ができると、民進党が証明したといえる。

台湾で当時は非合法だった初の野党、民主進歩党を結党し、記者会見を行う謝長廷（中央）＝1986年

結党から10年で正副総統選に出馬、奇跡の得票率21％

（初出　2021年9月25日、産経新聞朝刊）

《1996年の総統選挙に謝長廷氏は副総統候補として出馬した。筆者は当時、台北市内や台湾が支配する離島の金門島などを回って、選挙の興奮を肌で感じた》

当時の李登輝政権が憲法改正を経て、米国の大統領選挙のように総統と副総統のペアの選挙とし、台湾の有権者による直接投票で選出する制度を初めて導入。1996年3月23日が最初の投開票日だった。それまでは国民党主導の間接選挙で、台湾の民意を反映する素地がまるでなかったのだ。有権者は選挙に強い関心を示していた。

当時、国民党政権を内部から改革しようとしていた李総統は、台湾のみを選挙区として有権者に直接、審判を求める選挙に臨んだ。このことは、かつて全中国を代表するとされた「中華民国の正副総統」という意味合いから、事実上、「台湾の正副総統」に性質を大きく変えることを意味していた。

一方、民進党は86年の結党から10年目と若い政党ながら、初の直接総統選に候補を出さねば、野党として意味をなさないと考えた。政治学者として国際的に著名だった元台湾大学教授の彭明敏先生（2022年4月8日に満98歳で逝去）を総統候補に選んだ。

戒厳令時代に政治犯となり米国亡命を余儀なくされた彭先生だったが、李政権が政治犯の指名手配を解除したため、92年に故郷の台湾へ数十年ぶりに戻ることができた。

民進党はまだ選挙にあまり慣れていない時期。何人もが出馬の意欲を見せた。また彭先生は当時、台湾に戻って数年しかたっておらず、地方情勢に詳しかった私に副総統候補として白羽の矢を立てたようだ。

私は89年から民進党の立法委員（国会議員）を務めていたが、彭先生の強い台湾人意識にも触れ、副総統候補の指名を受ける決心を固めた。

《彭明敏さんは李登輝さんの親友だった》

2人とも1923（大正12）年生まれの同い年だった。戦前に接点はなかったが、いずれも日本の帝国大学で学んだ後、戦後台湾に戻って知り合った。生い立ちや考え方など共通点の多さもあり、60年代には台湾大学の教授どうし懇意にしていた。2人の会話はほとんどが日本語か、地元の台湾語だったと聞いている。

その後、71年に李登輝先生は国民党に招かれ、専門の農業経済学を買われて農政を担当した後、台北市長、副総統などを経て、どちらかといえば偶然の成り行きで88年1月に総統に就任した。その後、静かに政権内部で改革と民主化を進めていた。

一方、彭先生は国民党政権ににらまれて政治犯となり、亡命先の米国から台湾の民主化をめざすなど、対極の人生を歩んできた。2人とも数奇な運命だった。

その2人が総統の座を争うことになったのは不思議なことだった。ただ、選挙戦で2人とも互いの陣営に対する批判めいたことは一切、口にしなかった。自分たちの主張を正々堂々と述べあい、選挙戦にありがちな不毛な足の引っ張り合いや、争いはなかった。

《96年の総統選の結果をどう受け止めたか》

いまだから言えるが、そもそも当時、民進党の候補が誰であっても、あまり勝ち目はなかった。すでに名声のあった李登輝総統の支持率は非常に高かったからだ。

かつての国民党権力者、蔣介石と、その長男、蔣経国らはみな中国大陸出身者であったが、李総統は台湾生まれの台湾人として初の総統であり、所属政党にはかかわりなく台湾の人々の期待を集めていた。投票の結果、李登輝陣営は580万票あまりを獲得し、得票率54％で圧勝した。

一方、野党として初めて出馬したわれわれだったが、それでも蓋を開けてみれば230万票近く。得票率も21%だった。敗北とはいえ善戦したと思う。正直にいえば、結党10年目にしてのこの成果は奇跡だったといえる。

総統選に民進党から出馬した総統候補の彭明敏（右）と副総統候補、謝長廷＝1996年1月

《予想外の得票だったと》

台湾で生まれ育った彭先生も私も、「台湾色」「台湾愛」の強さにかけて、李総統に負けない存在だった。考えてみれば李登輝陣営と彭明敏陣営の双方合わせて75%もの得票で、台湾の有権者の4人に3人が、台湾独自の将来像に期待を示したといえる。私は「台湾人民必勝の戦いだった」と思っている。

91年のソ連崩壊で東西冷戦は終わっており、台湾社会の趨勢《すうせい》も大きく変化していた。台湾は、さまざまな呪縛《じゅばく》から解き放たれていく時期にあった。

台湾では、選挙が終わった後、勝っても負けても、有権者に感謝をささげに出向く「謝票（シェピャオ）」

という習慣がある。私たちは全土を回って謝票した。それまで考えられもしなかった直接総統選は台湾の人々の政治意識まで塗り替えたようだった。

しかし、まさかその4年後、国民党候補を破って民進党が台湾で戦後初めて、政権交代を成し遂げ、国民党の支配を終わらせるとは、誰も思っていなかったはずだ。

総統選投票前日に衝撃の正副総統銃撃事件

（初出　2021年9月26日、産経新聞朝刊）

《その次の総統選で台湾初の政権交代が実現した》

台湾で2度目の直接総統選だった2000年、盤石と思われていた国民党候補を破って民進党の陳水扁氏と呂秀蓮《ろしゅうれん》氏の正副総統候補が当選し、初めて政権交代を成し遂げたのは快挙だった。

私は1998年に高雄市長選で当選し、高雄市長になっていた。高雄など南部は伝統的に反国民党の勢力が強いエリア。79年12月に美麗島事件が起きた場所も高雄だった。その地から2000年総統選で、私も民進党政権の誕生に向けて支援していた。

国民党から離党して出馬した大物候補がいたため、国民党支持層の票が割れたことが、民進党に有利に働いた可能性はある。ただ、台湾の民意は一党支配を長年続けた国民党ではなく、台湾の自主自決を求めた民進党に傾き始めていたことは事実だ。

結党からわずか14年。この時点で戦後50年以上も続いていた国民党政権に終止符を打ったことに、われわれは興奮を隠せなかった。

《04年に陳水扁総統は再選された》

総統と副総統の任期は4年で再選は1回まで。米大統領選と同じだ。04年の総統選で民進党政権は再選を目指していたが、国民党で対抗馬となった連戦《れんせん》氏が民間の世論調査でじりじりと支持率を伸ばし、選挙前年の03年の暮れ以降、双方の支持率は拮抗する状況にあった。

その04年の投開票日を翌日に控えた3月19日、衝撃的な事件が起きた。

台南市を訪れて車上で有権者らに手を振っていた陳総統と呂副総統が、銃撃されて負傷したのだ。事件の一報を聞いて、私はすぐ高雄から台南に向かった。実はその日の午前、陳氏と呂氏は高雄市で遊説し、私も同じ車上にあって市民に支持を訴えたばかりだった。

仮に事件が高雄で起きていれば、私も負傷するか、死亡する運命だったかもしれない。非常に危険な状況だったことは事実だ。台湾では過去に何度も政治テロがあり、陳氏の奥さんもかつて、交通事故で下半身不随になる重傷となったが、当時から政治テロだったとの見方をする人も少なくない。

《銃撃事件で陳総統らはどうなった》

事件現場からすぐ、2人は台南市内の病院に収容されて、付近は厳重な警戒が敷かれていた。事件当時、陳氏らを歓迎する台南市民らが爆竹を鳴らしており、陳氏らを狙った銃声にだれも気付かず、犯人の目撃情報もほとんどなかった。

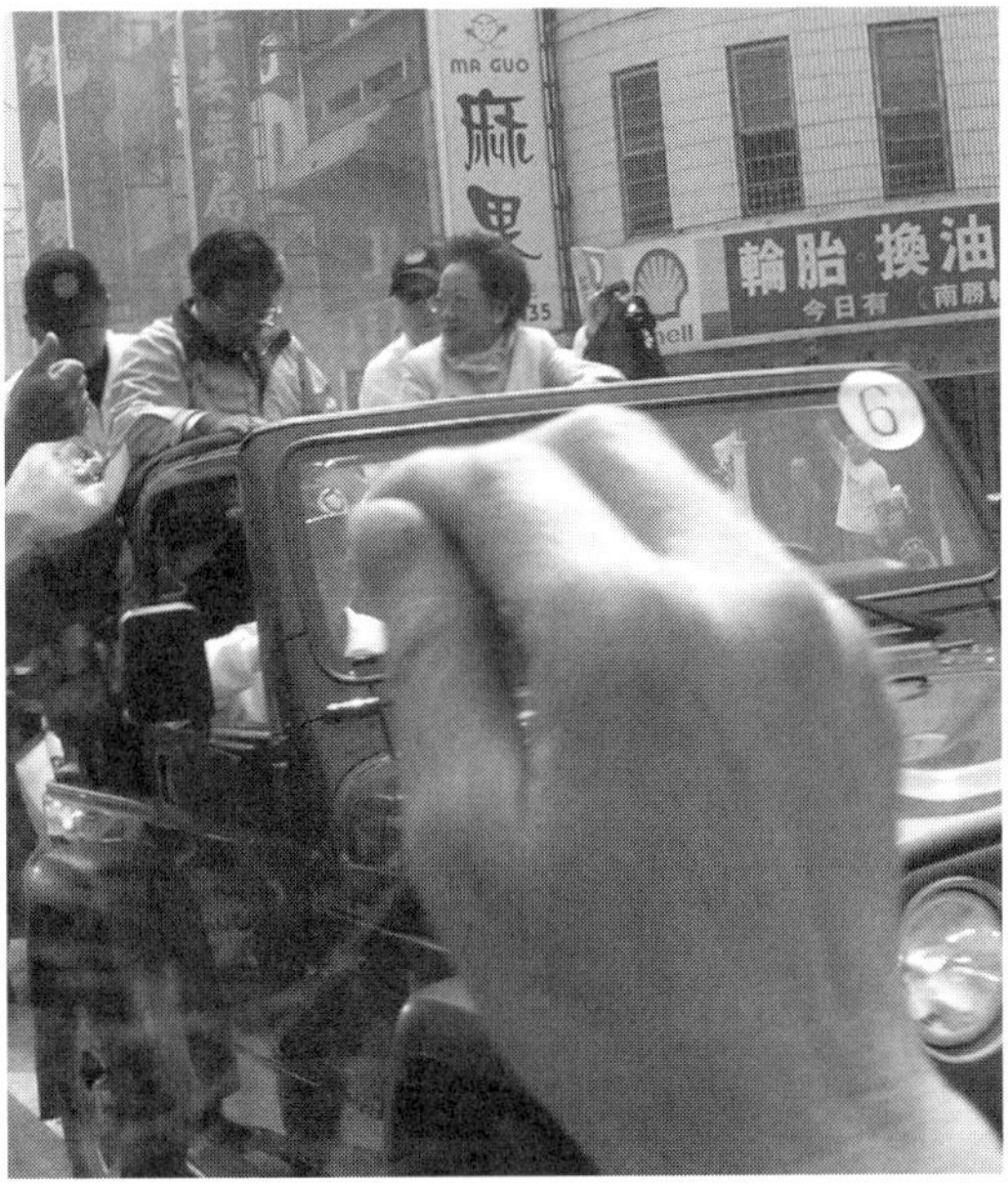

銃撃された陳水扁（中央）と呂秀蓮（右）が乗った選挙カー。陳総統は撃たれた腹部に視線を落としている＝2004年3月19日、台湾・台南市（ロイター＝共同）

2人を乗せたオープンカーのフロントガラスを通貫した1発目の銃弾が呂氏の脚に当たり、さらに2発目が陳氏の腹部に当たって多量の出血をしていた。搬送先の病院ですぐにエックス線撮影をしたところ、陳氏の上半身に弾丸の影がみえたが、よく探すと体内ではなくジャンパーの中で止まっていて、ホッとしたことを覚えている。腹部を浅くかすった擦過傷で、呂氏の傷も浅かった。

《暗殺未遂事件だったのか》

いろいろな陰謀説や自作自演説も当時は流されたが、私はこの目で2人の負傷を見ている。嘘も偽りもない。

残された弾丸や銃の威力などからみて、発砲されたのは自作の小銃とみられる。もし暗殺計画が政治目的で組織的に行われたのなら、もっとしっかりした武器を使うはずではなかっただろうか。

無事に行われた翌日の投開票で、得票率わずか0・228％の差で陳氏と呂氏は再選された。銃撃事件が選挙結果に影響したかどうかは、いまもよく分からない。ただ、事件後すぐに与野党とも選挙活動をすべて中止し、投票前夜、台北でのイベントも行われなかった。あるいはこれが陳氏らに少しは有利に働いたかもしれないが。

第9章

今日のウクライナは、明日の台湾

第4次台湾海峡危機が勃発した

2022年8月4日、演習と称して中国人民解放軍は、台湾を包囲する海域6エリアに向け11発の弾道ミサイルを発射した。このうち5発は日本の排他的経済水域（EEZ）にも照準を合わせ、命中させている。「安倍晋三元首相が21年12月に語った『台湾有事は日本有事だ』との見方は、まさに現実のものになった」と謝長廷は語気を強めた。

安倍晋三が台湾のシンクタンクの招きに応じてオンラインで講演した「台湾有事は日本有事であり、日米同盟の有事でもある」とした上で、中国の習近平国家主席に「誤った道に踏み込むなと訴え続けていく必要がある」と主張してから、8カ月後のこと。元総統の李登輝が「台湾と日本は運命共同体だ」と語った危機感を謝長廷は実感している。

台湾海峡をはさむ中国と台湾は、1950年代に2度の危機があり、李登輝政権時代の95～96年にかけて、初の弾道ミサイル演習による緊張があった。このとき「第3次台湾海峡危機」と呼ばれた。22年8月の問題は実際、「第4次台湾海峡危機」といえる。米下院議長（当時）のペロシによる台湾訪問で強烈に反発した中国が、威嚇に出た。

安倍晋三の発言はさらに続く。中国建国100年となる49年までに、「経済も軍事費も現在の8倍となり、世界の歴史にとって最も危機に満ちた時代となる」と指摘。台湾と日米の関係強化が「地域の平和と安定にとって極めて重要だ」と訴えた。現役の首相時代には踏み込めなかった発言領域に、真剣に本音ベースで意思表示した瞬間だった。

さらに台湾が求める環太平洋連携協定（ＴＰＰ）加盟について、「台湾には参加資格が十分に備わっている」と述べたほか、中国が妨害している台湾の世界保健機関（ＷＨＯ）参加も支援する意向を示した。その上、半導体分野での日台協力推進に触れ、日台間の安全保障対話を「与党間で行われることで政府にも影響を与える」と述べた。

台湾海峡をめぐる危機はすでにそのとき、予想もしなかった遠く離れた地域で、別の形で火を噴いていた。２０２２年2月24日、ロシア軍によるウクライナ侵攻だ。強権主義のロシアが武力行使で一方的に現状変更を試みたことは、地球儀をぐるっと回して中国による台湾への侵攻リスクも想起させた。「今日のウクライナは、明日の台湾」との懸念だ。

「プーチンと習近平、ロシアと中国は非常に似ている」と謝長廷は話した。旧ソ連も清朝以前の中国も勢力範囲は広かった。「かつての栄光を復興したいとの願望があり、目的のためには武力行使も辞さない」。そして、「両国とも安全保障理事国として国連で拒否権をもち、その一方で核兵器を保持している」。ウクライナの惨状にも目を奪われた。

台湾における懸念材料はまだある。侵攻を命じたプーチンの口実は、ウクライナに暮らすロ

台湾の中央通信社が配信した2022年8月4日の中国人民解放軍による台湾周辺海域への弾道ミサイル発射演習の概略図。ミサイルの一部は台湾の領海や日本の排他的経済水域（EEZ）内にも照準を当てて着弾させている

シア系住民を救う、という点だ。謝長廷は「台湾のなかで仮に、中国共産党政権を支持する人々がいれば、中国の国家主席、習近平はどう判断するか」と話し、顔を曇らせた。ただ、陸路でポーランドに逃れられるウクライナと台湾は地理的条件が異なる。

いかに台湾内部で危機感を共有し、同時に日米欧など海外の民主主義社会の理解を得て、きょうのプーチンが、あすの習近平にならぬよう、抑止力を高めることがカギになる。謝長廷がリスクとして挙げたのは、「中国による台湾海峡の海上封鎖」だ。機雷による封鎖は台湾海峡を海運の生命線とする日本など、北東アジア全体を危機に陥れる。

台湾有事は日米同盟の有事

台湾有事とはなにか。定義は単純ではないが、考えられるシナリオに3段階ある。まず謝長廷が指摘した海上封鎖。その次に、台湾が支配下に置く地域で、民間人が不在か、人口の少ない離島の武力奪取。そして最も危険なのが、およそ2300万人が暮らす台湾本島への軍事侵攻。大規模サイバー攻撃や弾道ミサイルによる爆撃も懸念される。

離島でリスクが高いのは南シナ海の北部に位置する東沙（プラタス）諸島や、中部に位置する太平島だろう。民間人はおらず、台湾の軍か海巡署（コーストガード）が少人数で守っているにすぎない。中国福建省の沿岸に近い馬祖諸島や金門諸島の一部も守りは手薄だ。急増している中国軍機の威嚇飛行ルートは、離島侵攻をにおわせる。

謝長廷はさらに熱を込めて話した。「海上封鎖などの事態が起きぬうちに、国際社会は可能な限り早く、台湾に先進的な装備を供給していただきたい」。ウクライナをめぐる厳しい現実が、米国も日本も、そして台湾にも暗い影を落としていた。日米にとって、いかなる形態の台湾有事が起きたとしても、まさに国益を損なう事態との認識も広がった。

2022年12月6日、米国務省は台湾へのF16戦闘機を含む軍用機の予備部品の売却を承認し、議会に通知した。総額で4億2800万ドル（約586億円）規模。バイデン政権は「台湾関係法」に基づいて、国防上、台湾が必要とする武器の供与や、防衛体制を後押ししている。米国内では超党派で支持されており、議会も承認する見通しだ。

売却を承認したのはF16戦闘機のほか、C130輸送機など軍用機に使われる消耗品や修理部品などだ。米大統領バイデンと中国の国家主席、習近平は2022年11月、インドネシアのバリ島で会談し、衝突回避への意思疎通で一致しているが、台湾をめぐるにらみあいは続いている。中国は米国に対する反発を、台湾に向けて爆発させている。

米国による支援の動きに、台湾国防部（国防省）は、「中国はわが国に対する準軍事行動の常態化を狙っている」として、謝意を表明した。米国務省は2022年9月にも、台湾への対艦ミサイル60基や空対空ミサイル100基などの売却を新たに承認し、議会に正式通知している。台湾をウクライナにしないための、予防的措置は着々と進んでいる。

遅まきながら日本も腰を上げている。首相の岸田文雄は2023年1月13日、ワシントンのホワイトハウスで米大統領のバイデンと会談し、防衛力強化や防衛費増額の方針を説明した。「日米同盟を現代化する」と表明したバイデンとの間で、敵国のミサイル基地などを破壊する日本の反撃能力（敵基地攻撃能力）の開発と運用への協力も合意した。

2021年10月の首相就任後、岸田文雄のワシントン訪問は初めてだったが、2022年12月に国家安全保障戦略など新たな安保関連3文書の閣議決定や、防衛費増額も強調した。両首脳は共同声明で、台湾海峡の平和と安定の重要性を指摘し、さらにロシアのウクライナ侵攻に関し「一方的な現状変更の試みに強く反対する」と記している。

謝長廷は、「日米の間にかくも台湾海峡をめぐる緊張が高まったのは、2021年12月の安倍晋三発言が転機だった。米軍基地が国内にある日本は決して第三者ではなく当事者であり、米国ももちろんそうだ。そしてウクライナ侵攻という現実が、安全保障上の危機感を一気に拡大した」と話した。分断を深める強権主義国家と民主主義国家が対立する最前線が台湾であり、そして日本なのだ。

われわれは自由と民主主義を守り抜く

（初出　2021年9月29日、産経新聞朝刊）

《台湾にとって対中関係をどうするかが重大な政治課題だ》

中国は「一国二制度」を台湾にも認めさせようとしていたが、蔡英文政権はこれを明確に拒否している。民主主義の台湾は、社会主義国の中国とどう向きあっていくべきなのか。しかし、ここで強調すべき重要な点は、台湾は自由と民主を守り抜きたいだけであって、中国と敵対する意図などないということだ。

台湾の安定には「変数」が3点ある。まず民主主義を堅持しようとする台湾住民の強い意思と、それを支える有効な防衛力が維持できるかどうか。

次に、中国の内部に何らかの変化が起きるかどうか。安定か分裂か。これは予測不可能だ。そして、日米を含む国際社会がどこまで台湾を支持し続けてくれるか。時期や程度は別として、いずれも変化する可能性があると考えておかねばならない。

《とくに中国の内政や外交、社会の変化を観察し続ける必要がありそうだ》

中国の現実を自分の目で見ようと、立法委員（国会議員）だった1993年、姚嘉文氏らと訪中したことがある。民進党が執政党になった翌年、2001年に高雄市長としても訪中を検討したことがあった。

民進党として中国共産党と意思疎通を図ることに期待していた。当時まで一貫して共産党と敵対を続けてきていた国民党勢力とは異なる、新しい台湾の姿を中国がどう受け入れるか、知りたかった。

仮に民進党が対中関係でリードできれば、両岸（中台）問題は与野党対立の焦点にはならなくなり、経済や社会保障などの課題に集中できると考えたのだ。

しかし、当時の陳水扁総統から異論が出て、01年の訪中は断念せざるを得なかった。

《台湾で初めての政権交代劇を中国はどうみていただろうか》

台湾で政権交代が起きると共産党は予想していなかっただろう。だからこそ当時、交渉には意義があったはず。01年当時の福建省長は習近平氏（現・共産党総書記）だった。このため、われわれの訪中が実現していれば、あるいは両岸関係は変わっていたかもしれない。

中華文化圏の台湾で民進党が勝ち得た政権交代だったが、中国にもいずれそんな日が来るかもしれない。

一方、05年に当時、国民党主席（党首）だった連戦氏が訪中し、共産党と急接近して対中政策を一変させた結果、両岸関係は一段と複雑になってしまった。

《打開策はあるのか》

理想というものは常に現実によって制約を受ける。その上で打開策が必要になる。

私は12年に台湾維新基金会トップとして再び訪中し、共産党の対台湾窓口トップだった王毅《おうき》氏（駐日大使や国務委員兼外相など歴任）に、両岸関係で「憲法各表（中台はそれぞれが憲法を表明する）」との考え方を提案した。

大学時代から政治家になるまで、法律を深く学んできた者として、憲法の位置づけこそが基礎だと考えたからだ。

台湾のみで適用される「中華民国憲法」に基づき、正副総統や自治体の首長らが選出されているのは事実で、名称も憲法上は「中華民国」だ。国際的に複雑で未解決な問題はあるが、現時点では、この名称を維持する必要があると思っている。

一方、外交関係なき日米など国際社会には「台湾」という呼称を強調する必要もあるだろう。

中華人民共和国にも憲法があり、それぞれが異なる法的基礎の上にある。1949年に成立した中国（中華人民共和国）は第二次世界大戦に参戦しておらず、戦後の関連条約に署名もしてはいない。中国（同）が台湾領有を主張するのは、清朝を倒して1912年に成立した「中華民国」を、自分たちが継承したとの主張からだろう。

当時は野党だった民進党の立法委員として党関係者らと訪中した謝長廷（右端）＝1993年7月

台湾に圧力をかけ続け、その一方で台湾の存在を認めないのは自己矛盾だ。一方的に「核心的利益」と中国側は台湾を位置付けているが、台湾からすれば、台湾の生存は「利益」などではなく、「生命」そのものだ。

産経新聞台北支局長　矢板明夫氏に聞く

「中国共産党は約束を絶対に守らない」

《長年にわたって中国に暮らし、北京で中国共産党政権の動きを観察してきた経験から、立法委員や民間の立場で謝長廷氏が複数回訪中し、国民党とは異なる民進党独自の観点で対中関係を打開しようとした経緯について、どう受け止めているか》

台湾統一という強い願望をもつ中国と、これを絶対に受け入れないという台湾の意思は、常に対立している。毛沢東の時代から共産党の考えに、何ら変化はない。一方で民主主義社会の台湾の対中意識や反発は、時によって強くなったり弱くなったりする。

謝長廷氏のように誠意をもって、話し合いや交渉のため訪中しても、政治問題に関して中国共産党政権は一切、譲歩しないことは過去が証明している。むしろ、訪中の事実が、共産党側の主張を認めたと曲解されかねない政治的な危うさを内包している。

共産党政権がこれまで、チベット族やウイグル族に対して、香港に対して行ってきたことを考えれば、「約束は絶対に守らない」ことは明らかだ。台湾に対してのみ、政治的な約束を守ると、誰が保証できるのか。残念だが交渉の余地はない、と考えるべきだ。

私の経験からみて、中国と台湾の政治関係は「狼と羊の関係」だ。狼にとって羊は常にその日の食べ物でしかない。そこで羊の側が、狼に交渉を持ちかけて話し合いで解決しようと考えるのは、悲しいことだが羊が根本的に間違っている、といわざるを得ない。

中国にとって台湾は、なんら政治的脅威ではない。一方で台湾には、中国を挑発する意思もなければ能力もない。その状況下で、政治交渉のための訪中に意味はあるのか。馬英九政権の時代、いわば国共合作の試みは、ことごとく失敗に終わっていた。

《2005年に国民党主席だった連戦氏が訪中し、共産党との協調に歴史的転換を図った。08年の政権奪還後、同党主席として馬英九氏が共産党総書記の習近平氏とシンガポールで会談するなどして、国際社会の目が中台交渉の行方に集まった》

国際社会は中国と台湾の関係を注意深く見ている。中台が政治や主権をめぐって何等かの交渉に入れば、関与することは難しくなる。例えとしては好ましくないかもしれないが、逃げ惑う「台湾」に執拗に結婚を迫るストーカーのような存在が「中国」といえる。

1992年の中台会談で「一つの中国」を認め合ったとされる「92年コンセンサス」を盾に、中国は「すでに台湾と婚約済だ」と言い張っている。「婚約」などしていない、ともっと明確に強く拒絶しなければ、国際社会はストーカーの接近から台湾を防ぎきれない。

中国が台湾本島侵攻に踏み切れていないのは、米国などとのパワーバランスで「勝てない」と考えているからだ。だが「92年コンセンサス」問題などで台湾が弱腰になり、国際社会も関与できないとなれば、中国は攻撃のチャンス到来だ、と勘違いするだろう。

他方で、政治ではなく、文化交流や経済問題で台湾は対中関係を進めるべきだと考えている。共産党トップは北京で、台湾をどう併呑するか頭をひねっている。だが何億もの中国人民が民主化を、自由を求め、地方から変革を迫れば、話は大きく変わる。

共産党の思想と思考は変えられないが、文化や経済を通じて、中国の一般の人々の意識を変えていくことは、まだしも実現の可能性がある。共産党との政治交渉よりも中国人民に民主化や自由を渇望させるボトムアップの手法を取るほうが、重要だろう。

《だが経済関係で、1980年代から始まった日本による総額3兆6000億円もの政府開発援助（ODA）供与や、数万社の日本企業による投資が起爆剤となって中国経済を急成長させたが、衣食足りて礼節を知る、と考えた日本の期待は裏切られた》

確かに日本も台湾も、一党独裁の中国をここまで大きくしたのは、経済だ。民間企業が利益のため、瀕死の中国に輸血を続けたことに責任がある。だが、台湾の農水産品を一方的に輸入禁止するなど横暴な振る舞いに、日台とも有効な手立てを打てていない。

２０２３年1月に明らかになったソニーに対する制裁も異常だ。前年の10月12日、ソニーが花に囲まれた犬の写真を公式アカウントに投稿したところ、１９５２年の同じ日に朝鮮戦争で犠牲になった中国の人物を、犬に置き換えて侮辱した、などと批判を受けた。

この結果、ソニー公式アカウントは「規則違反」などとして停止処分を受けた。侮辱の意図などないのは明らかだ。２０２1年にもソニーは、たまたま新製品発表を予告した7月7日が、日中戦争時に盧溝橋《ろこうきょう》事件が起きた日だった、と中国側に指摘されて、国家の尊厳を損なった、との理由で高額の罰金を科されている。

カナダが２０２２年に対中政策で警戒色を強めたことを、同国の専門家は「中国は友人ではなく、いじめっ子だと判明したからだ」と説明している。いじめに遭ったら黙って耐えているだけではいけないだろう。しかし日台とも、カナダのような反応すらできない。

政治でいえば、チェコやリトアニアのような欧州の国々が相次ぎ台湾に接近し、米国のペロシ下院議長は２０２２年8月に台湾を訪れた。同年12月には韓国の国会副議長らが訪台している。韓国にできて、日本はなぜ国会議長級の訪台もできないのか。

米国が１９７９年の台湾断交時に「台湾関係法」を国内法として制定し、台湾の位置づけを明確にした。１９７２年に断交した日本でも、「日本版台湾関係法」制定の必要性が長年説かれているが、一歩も動いていない。意味をなさない対中配慮は不要だ。

米国と台湾の関係はすでに、大臣クラスの交渉で展開している。一方でまだ日本はそこまでハイレベルな意思疎通はできない。日米台の関係は米国を軸に動いている。台湾からみて日本は、観光に行くにはいいが、政治交渉の扉は開いてもらえない隣人だ。

《謝長廷の証言によると、防疫で成果を上げていたはずの台湾で新型コロナウイルス感染が急拡大した2021年5月、東京を舞台に、日米ハイレベルとのトップ交渉で台湾に不足していたワクチンを、日本から6月4日に緊急提供することにこぎつけた》

この日本からのワクチン提供は、謝長廷代表の大きな仕事だった。台湾では「困ったときの友は真の友だ」と感動が広がった。そのあとすぐ、米国からも提供を受けた。日台関係を大きく動かした外交力を発揮し、力のあるしっかりした政治人物と評されている。

安倍晋三元首相が2022年7月に暗殺されたあとすぐ、台湾から副総統の頼清徳氏が友人の立場で訪日して弔問を行えたのも、謝長廷氏の外交手腕だった。福島など5県産の食品への台湾の輸入禁止措置の解除に力を尽くし、同年2月に実現させた。

2011年3月11日の東日本大震災で起きた東京電力福島第1原発事故から11年ぶりの輸入再開となり、台湾は日本との長年の懸案を払拭した。2022年に日本が議長国だった環太平洋経済連携協定（TPP）の加盟に向け、台湾では期待も広がっている。

台湾では野党の中国国民党が、福島産の食品に「核食」などと、さも危険なイメージのレッテルを張り、輸入解禁を妨害していたが、蔡英文政権は内政や世論の混乱を冷静に抑え、駐日代表の謝長廷氏らとともに、輸入解禁にこぎ着けたのは幸いだった。

ただ、TPP加盟に向け、すぐに日本からの良いニュースを期待していた台湾世論は不満だった。

産経新聞台北支局長 矢板明夫

輸入解禁したものの、何カ月もたって日本は台湾が求めているTPP加盟への作業部会設置で、これも一歩も前進せず、その怒りが駐日代表に向かっていった。

台湾の世論いわく、「謝長廷は駐日代表ではなく、助日代表だ」と。北京語の発音でいうと「駐」と「助」は、まったく同じ「ズー」と読む。謝長廷駐日代表は日本を助けているだけだ、との批判だ。与党の民主進歩党は台湾の人々を騙した、とまで言う人がいる。

しかし怒りをぶつけ、批判すべきは民進党や駐日代表ではなく、早急に手を打てていない日本政府や、台湾のTPP加盟を妨害しようとする国だろう。国際機関への加盟交渉は数カ月で一気に進む事象ではなく、まして台湾の駐日代表の責任でもない。

矢板明夫（やいた・あきお）

産経新聞台北支局長。1972年、中国天津市生まれ。15歳のときに中国残留孤児二世として、千葉県に引き揚げた。慶應義塾大学文学部卒。2002年に産経新聞社に入り、2007年から約10年間、産経新聞中国総局（北京）で特派員を務めた。2020年から現職。2012年に著書『習近平　共産中国最弱の帝王』（文藝春秋）で樫山純三賞受賞。舌鋒鋭い北京語による発言で高い人気を誇る。

第10章

台湾と日本と米国をめぐる国際関係

海を越えて議員やシンクタンクが危機感を共有

2022年11月16日、超党派の国会議員で構成している議員連盟「日華議員懇談会」（日華懇、古屋圭司会長）が、米国と台湾の国会議員らとの「日米台戦略対話」をオンライン形式で開いた。その前月、中国で5年に1度の中国共産党全国大会が開かれ、習近平が総書記として異例の3期目への続投を正式に決めた事を踏まえた。

習近平政権が「台湾は中国の核心的利益」と主張し、国際法や国際秩序とは一線を画した中華思想の延長線上で、「中華民族の偉大な復興」を基本的な思想に据えているなかで、中国人民解放軍による台湾への侵攻、すなわち「台湾有事」への危機感を民主主義社会で共有し、日米台の抑止力強化の重要性を確認する狙いがあった。

この日米台の議員による戦略対話は、2021年7月に続いて2回目。古屋圭司衆議院議員ら日華懇のメンバーのほか、台湾からは立法院長（国会議長）の游錫堃《ゆうしゃくこん》や謝長廷ら、米国からはトランプ米政権で大統領補佐官（国家安全保障問題担当）を務めた元陸軍幹部のマクマスターらが参加し、東アジアの安全保障を討議した。

游錫堃は、「中国の独裁的な行為がわれわれの警戒心をあおっている」と危機感を訴えて、インド太平洋地域の安定にまず、日米同盟の役割が重要だと強調した。マクマスターは「米軍と自衛隊が連携し、台湾が中国の侵攻を打ち破る支援をしなければならない。2024年の台湾総統選、米大統領選の時期に『台湾有事』があり得る」と話した。

本来ならばこうした安全保障の関係強化は、同盟関係にある国家間で行うべきものだが、日本は1972年に、米国は1979年にそれぞれ、台湾の「中華民国」と断交し、現在は外交関係がない。このため、台湾との正式な政府間交渉は日米とも行えない、というのが現実だ。しかし、その制限が及ばない議会や議員の交流ルートに存在意義がある。

それでも、こうして表立って日米台の議員が安全保障について議論できるようになったのは、習近平政権による南シナ海での岩礁埋め立てと軍事基地の建設や、東シナ海での拡張主義的な軍事行動、沖縄県の尖閣諸島をめぐる度重なる領海侵犯など、周辺国に対する武力威嚇が明白になった時期に重なる。危機はすぐそこに迫ってきた。

日米台戦略対話では、中国人民解放軍が軍事演習中に飛行禁止空域を通過したとして台湾行きの民間機を撃墜、情勢が緊迫化した事態をシミュレーションした協議も行われた。決して起こり得ない事態ではない。台湾有事の際、台湾に約2万人、中国に約10万人の在留邦人の保護など、人命にかかわる具体的なシナリオは見えていない。

2023年1月9日には、米有力シンクタンクの戦略国際問題研究所（CSIS）が、2026年に中国が台湾に軍事侵攻する設定でシミュレーションを行った結果を公表した。侵攻は失敗に終わるも、日米に艦船、航空機、防衛要員の甚大な損失が生じるとの結論だ。中国の脅威を受ける台湾防衛に、米軍の迅速な介入と日本の支援が必要と判断した。

ＣＳＩＳのシミュレーションは24回、行われ、中国の軍事侵攻は最初の数時間で台湾の軍施設を破壊する波状的なミサイル攻撃など爆撃で始まると判断した。空母を含む人民解放軍の海軍が台湾本島を包囲し、数万人の兵士や民兵が、揚陸艇や漁船などで台湾海峡を渡り、空挺部隊が台湾本島の上陸拠点近くに着陸すると予測している。

台湾陸軍が中国軍を迎撃する一方、自衛隊が支援した米潜水艦や爆撃機も上陸を狙う中国軍を海上や空中から攻撃する。しかし沖縄など在日米軍基地も攻撃対象となり、日米は空母など艦船、軍用機、防衛要員に甚大な被害を受けると予測した。米軍の直接的な関与はウクライナ情勢とは異なり、台湾では不可避だ、と判断されている。

台湾も守りを固めている。総統の蔡英文は２０２２年12月27日、兵役義務を現行４カ月から1年に延長する方針を決めた。併せて徴集兵による常設部隊の新設も表明。兵力増強で自衛力を強化する軍改革だ。２０２４年1月から実施する。蔡英文は「台湾は民主主義を守る最前線にある。戦いの準備をしてこそ、戦いを避けられる」と強調した。

台湾の兵役は１９８０年代まで最長で３年だったが、東西冷戦の終結などを受けて徐々に短縮し、２０１８年には1年から現行の４カ月の訓練に移行し、志願制にも近づいていた。台湾の兵力は２０２２年の時点で16万２０００人とされており、計画人員数を約７０００人下回っているという。蔡英文は兵役延長を「苦渋の選択だ」とも話している。

核兵器と弾道ミサイルをもつロシア、中国、そして北朝鮮。この3カ国に囲まれた日本と台湾がいま、世界で最も危険度の高い新冷戦の最前線にある。しかし30年近く前からこの事態を想定し、水面下で日本と米国との安全保障上のパイプを作る動きがあったことは、あまり知られていない。元総統の李登輝に端を発した日米台の連携を考える。

台湾彰化県で、軍事演習を視察する蔡英文（中央右）＝2019年5月28日（台湾国防部提供）

李登輝元総統の遺産、日米との極秘会合に出席

（初出　２０２１年9月5日付、産経新聞朝刊）

《日米台連携プレーはこのところ広がりを見せている》

菅義偉首相（当時）とバイデン大統領がホワイトハウスで行った２０２１年4月の日米首脳会談で、共同声明に52年ぶりに「台湾」が明記された。6月には先進国7カ国首脳会議（G７サミット）が首脳声明で「台湾海峡の平和と安定」を初めて明記した。

日米首脳会談の成果がG７に結び付いたのだろう。これは中国との関係において国際情勢の趨勢を反映しており、決して偶然ではないはずだ。国際社会の安定と平和に向けて、日本の役割はますます重要になっている。

《7月には日米台の議員らによる戦略対話も行われた》

長年懇意にしていただいている日華議員懇談会の古屋圭司会長（元国家公安委員長）や米国、台湾の議会関係者がオンラインで戦略対話をした。

米国からは、前駐日米大使のハガティ上院議員が出席した。日華懇の顧問、安倍晋三前首相（当時）は席上、「日本、米国、台湾が連携を深めることが、この地域を平和で安定、繁栄することになる」と話した。

会談後、共同記者会見する菅首相（左）とバイデン米大統領＝2021年4月16日、ワシントンのホワイトハウス（Pool／ABACA／共同通信イメージズ）

台湾は游錫堃《ゆうしゃくこん》立法院長（国会議長）が参加した。こうして日米台の連携が表立って語られるようになったのは最近のことだが、実のところ水面下ではかなり以前から進んでいた。

《かつて李登輝元総統へのインタビューで、1990年代前半からブッシュ（父）元大統領と直接会った李元総統が、日本も交えた日米台の極秘会合を始めたと聞いた》

李登輝政権の時代、機密費を使って構築した

「明徳専案（プロジェクト）」がそうだ。国家機密でもあり、詳細はいまも話せないが、私も一度、出席したことがある。

この明徳専案は、2000年の李総統退任後も引き継がれた。私は李元総統に呼ばれてさまざまな指示を受け、07年6月に東京のホテルで行われた極秘会議に参加した。相手方の名前は挙げられないが、日米ともに首相や大統領に直接、報告できる人物ばかりだった。私も当時の民進党政権、陳水扁総統と密接な関係にあった。

私は日米との極秘会合で話し合い、取り決めた内容を陳氏に報告した。30年近く前にこうした日米台の連携スタイルを、非公式とはいえ戦略的に構築した李元総統の遺産は、本当に大きかったと思う。

《日米台を結ぶ明徳専案はいまでも続けられているのか》

残念ながら台湾で08年に政権交代があり、（中国共産党政権との融和策を進めていた）中国国民党の馬英九総統が誕生してからは、消滅してしまった。

私が出席した07年が明徳専案の最後の会合だったかもしれない。しかし、李元総統の先見の明は、いま改めて開花したのではないか。時代の流れがようやく李元総統の考えに追いついてきたといってもいい。

《8月11日にレイモンド・グリーン米駐日臨時代理大使とも会談し、その後、公表したが》

東京・白金台の台北駐日経済文化代表処の公邸に、7月に着任したばかりのグリーン駐日臨時代理大使を招き、日米台の連携について意見を交換した。米国の対台湾窓口機関、米国在台湾協会（ＡＩＴ）副所長などを歴任した方で、日本語も北京語も完璧に話される。私とは北京語で話した。

グリーン氏とは07年に東京で、椎名素夫先生（元衆参両院議員）の告別式で会っている。椎名先生も実は明徳専案のメンバーのひとりだった。

5月に会ったヤング米駐日臨時代理大使（6月に離任）のときもそうだが、米台双方が意見交換した事実を、いつ、どのように公開するか、事前にすり合わせていた。ホームページなどでグリーン氏と「グローバル協力訓練枠組み（ＧＣＴＦ）における連携や、インド太平洋地域の平和と安定などについて話した」と、公表した。

グリーン氏が会談で、「台湾は民主主義の模範で、安全と経済面における重要なパートナーであり、世界における善良な力でもある」と評価してくれたことを、光栄に思っている。

李登輝時代に始まった機密費による日米への政治工作「明徳専案」は、拙書『李登輝秘録』

（産経新聞出版、２０２０年）に詳しい。謝長廷は２００７年の極秘会議への出席経験などから、駐日代表に課せられた使命として、台湾と日米を水面下でつなぐ人脈形成、極秘情報交換ルートづくり、組織化と永続性を一貫して追い求めているようにみえる。

日本を舞台に、米台のハイレベル交流

（初出　２０２１年９月４日付、産経新聞朝刊）

《台湾へのワクチン提供依頼を打診した２０２１年５月24日には、ヤング米駐日臨時代理大使（当時、6月に離任）も同席していた》

ヤング氏を東京・白金台の台北駐日経済文化代表処の公邸に招いたのは、この日が初めてだった。薗浦《そのうら》健太郎元首相補佐官も交えて地域の安定、経済問題や新型コロナウイルス対策などで意見交換した。ヤング氏とは20年９月ごろ都内のカフェで会ったことがあり、その後、21年3月に私が米大使公邸に招かれ、日本を舞台に米台交流が深まっていた。

米国務省が20年、台湾との高官接触を認めて、米側の台湾政策は大きく変化した。21年４月にはアーミテージ元国務副長官ら代表団が訪台し、関係強化の姿勢を明確にしている。

日米の同盟関係も有効に作用して、台湾を含む3方の結びつきが強固になってきたと実感している。新型コロナ問題では米国も日本に次いですぐ、台湾にワクチンを提供することを決めてくれた。6月6日には米議員団が米軍用機で台北を訪れ、蔡英文総統と会談したが、米軍用機の飛来も異例なことだった。

《台湾の報道では、米大使級が東京で台湾代表の公邸を訪れたのは1979年の米台断交以来、初めて。ワクチン供与は日米台の連携プレーだったと》

そのとおりだ。しかし、今回の連携プレーが実現したのは、不思議な事象に支えられた面があった。5月24日にヤング氏と薗浦氏を公邸に招いていなければ、日本から台湾へのワクチン提供実現は、もっと時間がかかっていただろう。

東京電力福島第1原発からの海洋排水をめぐる私の発言に対する野党議員らの反発で、実はその5月24日に立法院（国会に相当）の質疑に呼ばれていた。ところが4月末、代表処で職員の1人がＰＣＲ検査の結果、陽性となってしまい、濃厚接触範囲にいた私は外交部（外務省）の指示で動けなくなった。

陽性者が出ず、仮に台湾に戻ったにしても到着後は2週間の隔離が必要で、逆算すると5月上旬に日本を出発しなければならないところだった。この職員は結局、軽症ですんで元気になり、代表処で感染が広がることもなかった。

《謝代表がこのとき台湾に戻っていたらワクチン緊急輸送や書類作成など、対応は難しかったか》

もちろん代表処には有能な職員が多数いる。時間をかければ可能だったかもしれない。

繰り返しになるが私は若いころ、台湾で弁護士だった。法的な重要書類を自分で作成できる。元行政院長（首相）でもあり、時間との勝負だったこのタイミングに駐日代表という立場にいて手続きも、日本側との交渉も迅速に陣頭指揮できたのは幸いだった。

ＰＣＲ検査で職員の陽性反応には心配したが、後になって考えてみると結果的には悪いことばかりでもなかった。むしろ偶然というよりは、これは必然的な出来事だったのかもしれない。これまでの人生を振り返っても、偶然なことなどはなく、いつも天の差配に導かれてきたような気がする。

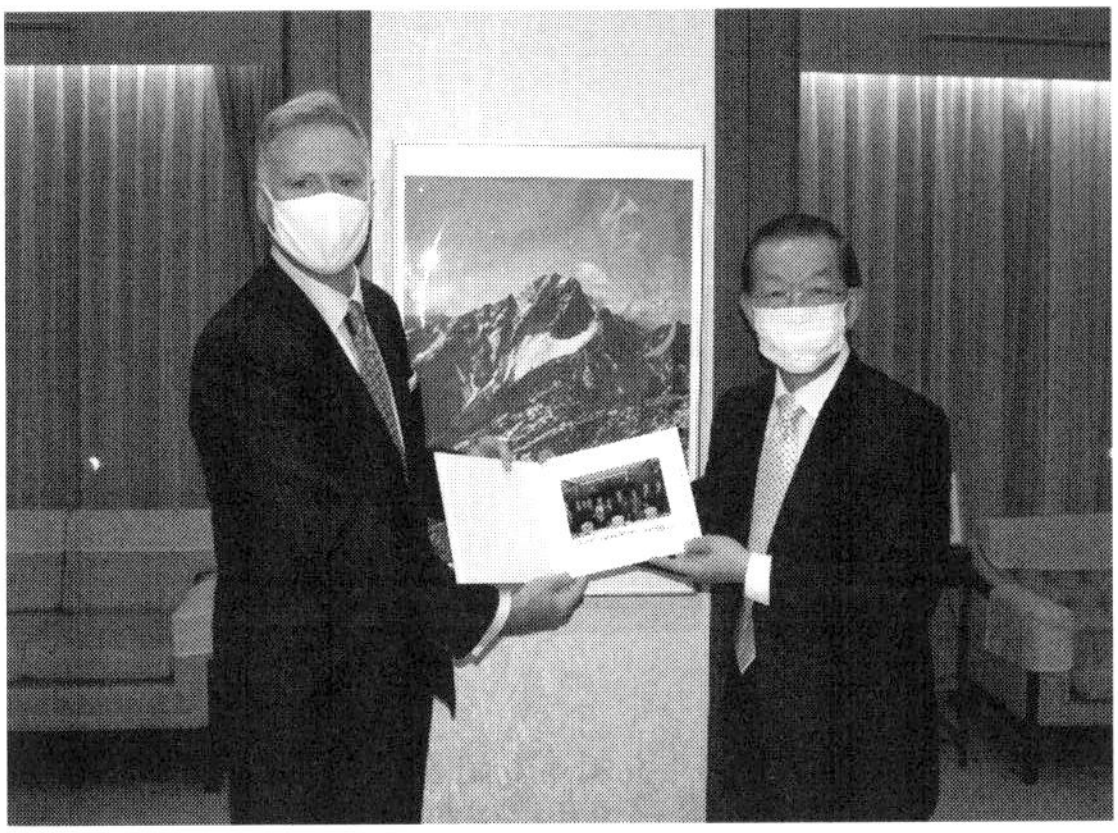

米国のジョセフ・ヤング駐日臨時代理大使（左）を東京都内の台北駐日経済文化代表処公邸に招いた謝長廷＝2021年5月24日

《新型コロナの感染状況が日本は再び悪化しているが》

　確かに一時、台湾では「なぜ医療水準も衛生観念も世界一の日本で感染が広がったのか」と首をかしげる人も多かったことは確かだ。ただ、日本は東京五輪への準備や法的な課題もあって、私権制限を伴う厳格な感染症対策が難しい事情があった。

　一方で、台湾は03年に中国からウイルスが流入した感染症、重症急性呼吸器症候群（ＳＡＲＳ）で多数の死者を出した苦い経験がある。このため感染症への万全な準備態勢を整えていた。ＳＡＲＳ流行の当時、私は高雄市長として力を尽くした。強制力のある法的措置がとれる素地が台湾にはあったからこそ、迅速な対応ができた。

　改めて世界全体を見渡してみて、何万人、何十万人もの死者を出した諸外国に比べて、日本はやはり先進的で立派な感染症対策をしたのだと感じている。

安倍晋三に託したかった「日本版台湾関係法」制定への道

米国は1979年に台湾の「中華民国」との断交にあたり、1954年に締結していた「米華相互防衛条約」の延長を行わないとして1980年に失効させる一方、新たに米国内法として「台湾関係法」を1979年4月に制定。同年1月の断交時まで遡って適用させる措置をとった。台湾への武器売却は現在もこの国内法に基づく。ただし有事に米軍による支援は定めておらず、米国は台湾防衛に関与する権利を留保する、との考えだ。

さらに米中対立が鮮明化したトランプ政権の時期、2018年に米国と台湾の高官による相互往来や交流を促す米国内法「台湾旅行法」を制定した。さらに台湾との協力を大幅に強める米国の台湾政策法案の施策は、その大半が2023会計年度（2022年10月から2023年9月）の国防権限法に盛り込まれるなど、超党派で法整備を強固にしている。

米国には核兵器をもつ中国と直接、戦火を交える意図はないが、中国の軍事威嚇や経済脅威が、太平洋のみならず世界各地で米国側のレッドラインに達しつつあることなどから、中国の膨張を抑制したい狙いがある。

2023年2月4日に米軍は、サウスカロライナ州沖合で大西洋上の米領空内で、戦闘機からミサイルを発射し、中国が意図的に飛来させた偵察気球を撃墜した。これに対し中国国防省は、「明らかに過剰反応であり、厳重に抗議する」との報道官談話を発表した。「必要な手段を使って類似の状況に対処する権利を留保する」とも主張し、対抗措置を示唆した。21世紀において、かくも独善的な軍事威嚇行為を平然と正当化し、報復までチラつかせる国家あることが、不思議だ。

仮に、中国による覇権主義と肥大化、周辺国や民主主義陣営への脅威を許し続ければ、日本や東南アジア諸国、そして豪州やニュージーランド、欧州、太平洋諸国や欧州などからの信頼が根底から揺らぎ、米国は国際影響力を失う。

他方、日本には台湾との関係を規定する一切の法的根拠がないのが現実だ。1972年9月の日中共同声明の呪縛から逃れられない。だが、声明にある第2項、第3項のいずれをみても、日本が中華人民共和国による台湾の領有権を承認した、との表記はみあたらない。台湾が自ら「中国の唯一の合法政府」を主張しない限り、台湾は台湾だ。

日本国政府と中華人民共和国政府の共同声明（1972年9月29日）

一、日本国と中華人民共和国との間のこれまでの不正常な状態は、この共同声明が発出される日に終了する。

二、日本国政府は、中華人民共和国政府が中国の唯一の合法政府であることを承認する。

三、中華人民共和国政府は、台湾が中華人民共和国の領土の不可分の一部であることを重ねて表明する。日本国政府は、この中華人民共和国政府の立場を十分理解し、尊重し、ポツダム宣言第八項に基づく立場を堅持する。

（以下略）

第3項にある「十分理解し、尊重し」との文言に、「領有権の承認」の意思はまったくない。米国も中国との国交樹立で、中国の主張を「認識する（acknowledge）」との表現にとどめており、「承認」(recognaize)はしていない。その上で米国が独自に、台湾との関係を国内法で定めてきた。こうした台湾との関係を規定する法律が、米国にできて、なぜ日本にはできないのか、という根本的な政治議論は何十年も、平行線のままだ。

だからこそ、と謝長廷はいう。「(日本版台湾関係法の制定には、日本での)政治的な決断と行動力がどうしても必要だった。安倍晋三元首相の手で実現していただきたかった。現在のような民間交流にとどまっている限り、相互防衛協力は進まない。政府レベルでの交渉と協調がいまこそ求められている」。暗殺テロ事件の影はここにも残る。

「日台交流基本法」の制定に希望

（初出　2021年9月14日付、産経新聞朝刊）

《2021年3月に自民党有志グループが参議院議員会館内で会合を開き、「日台交流基本法」制定を求める決議を行った》

高鳥修一衆院議員らが代表世話人を務めている「保守団結の会」に招かれ、私も会議に出席した。双方の交流促進を目的とした「日台交流基本法」の制定に加えて、自民党と台湾の与党、民進党との定期協議の開催などが決議された。

日本と台湾の間には正式な外交関係がなく、民間の交流が基本となっている。双方が結んでいる漁業や航空、課税などに関する合意は重要なものばかりだが、いずれも取り決めは双方の民間窓口機関が当事者であることに違いはない。

台湾側からみれば駐日大使館の役割を果たしている台北駐日経済文化代表処も、大使や大使館員の役割を果たす私も職員も一般民間人の扱いであり、もちろん外交特権はない。

自民党有志グループ「保守団結の会」が台湾との交流促進をめざして開いた会合。「日台交流基本法」制定を求める決議を行った。右端が謝長廷＝2021年3月24日

この「日台交流基本法」がめざすのは、民間の関係であったとしても、日台が双方を互いに、しっかりした法的な取り決めをする必要がある、との考えからだ。

《台湾の法的な位置づけが明確でないと不都合もある》

すこし複雑な話だが、仮に台湾人が日本で何らかの容疑で身柄を拘束されたとしても、日本の捜査当局は台湾の駐日代表処には通知してくれない。

通常の国家関係であれば、外国人の拘束や逮捕の場合、まず大使館や管轄エリアの領事館など公館に通知がくる。そして大使館などから担当官が出向いて、拘束された自国の人物に事情を聴く領事面接が認められる。仮に不利な扱いなどを受けていれば、支援もできる。

日本では外国人登録証（現在では在留カード）の国籍欄に台湾人も以前は「中国」とされており、反発する声が大きかった。その後、これが「国・地域」との表記になって、「台湾」と

することもできるようになったのは進歩だった。

しかし在留カード以外に日本で同じような問題がいくつもあり、残念ながら基本的解決にはなっていない。

《米国は台湾に法的措置でどのように対応しているか》

1979年に米国は中国と国交を結び、台湾と断交したのだが、同年に国内法で「台湾関係法」を制定し、外交関係はなくなっても、台湾との関係を法的に定めた経緯がある。

台湾人に対する米国入国の査証（ビザ）や台湾パスポートの取り扱いは「Ｔａｉｗａｎ」としている。また、台湾の安全保障のための武器供与なども法的に定められている。

日本では「ダメ」なことも、米国では問題ないことが多いのは、台湾関係法が有効に作用しているからだろう。米国のさまざまな法律を、台湾に対してそのまま「適用」はできなくとも、「準用」することができる規定もあり、現実に即した対応だと考えられる。

《日台が何らかの公的関係を結ばないよう、中国はあらゆる場面で政治的な圧力をかけ続けているが》

制定を求める声が広がり始めた「日台交流基本法」は、台湾のためだけではない。留学や仕事など、台湾で暮らす日本人の方々、そのご家族も支えることになる。観光などで人的往来が多い日台関係を、法的にも安心して維持発展させることが、日本と日本人にとっても大事な課題になってきたといえる。

民主主義の価値観を共有する日本の国民が、法律の重要性を理解して、政治を、国政を動かしていただけることを期待している。私が駐日代表でいる間に「日台交流基本法」の実現に向けた道筋がつけば、と希望をもっている。

ロシアによる2022年2月のウクライナ侵攻は、その直前まで誰もが、現実には起こり得ない「脅し」にすぎないだろう、とタカをくっていた節がある。だが強権国家の独裁主義には、国際社会の合理的な判断、経済的な損得勘定よりも、別次元で優先されるべき古典的な思想や、独裁者の非合理的な決断があることを、まざまざとみせつけた。

中国共産党内で比較的、合理的で国際水準に近い判断もできたエリート集団の共産主義青年団の出身者を追い落とし、同時にありとあらゆるライバルを蹴落として、たった一人の頭脳に14億人の命運のすべてを委ねる政治体制を最終的に固めたのが、2022年10月の共産党大会だった。共産党の独裁体制を、さらに政府レベルで執行可能にする2023年3月の全国人民代表大会で、国家主席3期目に入ることも決める。

謝長廷は、「安倍晋三元首相のような実行力、決断力、美しい国というビジョン、そして地球儀を俯瞰するという外交力、自由で開かれたインド太平洋（ＦＯＩＰ）構想を打ち出した力。こういう人物の日本での再来を強く願っている」と話した。独裁者の判断や行動はもはや、国際社会だけでなく、その国の政治人物や国民も完全に予測不能となる。

プーチンや習近平の言説、ロシアや中国の行動をみれば、東西冷戦の時代よりも紛争勃発の閾値《しきいち》は大幅に引き下げられていることは明白だ。この時代、民主主義のリーダーシップを日本が取れずして、誰が東アジアに平和と安定を保証できるのか。

アジアのリーダー「日本」は自信をもって行動を

（初出　２０２１年９月15日、産経新聞朝刊）

《「日台交流基本法」の制定を求めた自民党有志による２０２１年３月の決議では、強権的な中国を牽制する動きもあった》

３月24日の決議は、「軍事力を背景に現状変更を試みる一方的な行動をとっている」と指摘した。一方、台湾は基本的な価値観を共有するパートナーだと位置づけていただいた。また、日米両政府の外務・防衛担当閣僚による安全保障協議委員会（２プラス２）の議論を踏まえ、４月16日には訪米した菅義偉首相（当時）とバイデン大統領の首脳会談で、「日米両国は台湾海峡の平和と安定の重要性を強調するとともに、両岸問題の平和的解決を促す」との文言が共同声明に盛り込まれた。

日米首脳会談の共同声明に台湾が盛り込まれたのは52年ぶりのこと。両国が台湾と周辺の安全保障に関心を高めていることを心から歓迎し、感謝している。台湾は地政学的に、東アジアの要衝に位置している。

《日本の政財界は中国側に配慮する傾向が強かったが》

もちろん歴史的な経緯からいっても、中国との和平を維持することは重要だ。ただ、長年にわたり日本が善意を示し、配慮を続けてきた中国は、結果として現在でもあまり姿勢を変えていない。中国側で制作されて放映、上映されるテレビドラマや映画の多くも、日本に決して友好的とはいえないだろう。

かつて李登輝元総統は、私にこう話してくれた。「日本は自信を喪失して、何が正しいのか分からなくなっている。中国に配慮することが、いわば習慣のようになっている」と。

台湾のみならずアジアの多くの国々も、先進国としてアジアのリーダーとして、日本と日本人に地域の安定と繁栄のための役割を期待しているのだ。

《日本はなかなかリーダーシップを発揮できていない》

例えば、欧州バルト三国のリトアニアは台湾との関係を深めている。外交関係はないものの、台湾の外交部（外務省に相当）はリトアニアに大使館にあたる台湾代表処を設置すると7月に発表した。バルト三国は、かつて旧ソ連と対峙して民主化運動を進めた経験がある。新疆ウイグル自治区や香港問題などで対中批判も強めている。

新型コロナウイルス防疫をめぐっては、台湾がリトアニアにマスクを寄贈する一方、リトアニアからはワクチンが届けられた。リトアニアも近く台湾に代表機関を設置する計画があるとのことだ。チェコも台湾との関係を深めている。いずれも大国ではないが、中国の言いなりにはならない。

《日本はあらゆる局面で、中国と国交を結んだ1972年9月に調印した「日中共同声明」に縛られているようだ》

日中共同声明では、「日本政府は中華人民共和国政府の立場（台湾は中華人民共和国の領土の不可分の一部であるとする主張）を十分理解し、尊重する」としている。

「尊重する」との立場ながら、日本政府の姿勢は台湾が中国の一部だと「承認」したかのようにみえるときがあるが、「尊重」と「承認」には天と地ほどの差があるはずだ。

米国やカナダなども日本と同じく、中国による台湾に対する主張を承認はしていない。

72年9月に日本が中国と国交を結び、台湾の中華民国と断交したとき、当時の田中角栄政権が台湾にあてたメッセージには、「日本は台湾との間で外交関係を失うだけで、ほかはなにも変わらないよう努力する」とあった。

国際情勢が大きく変化しているいまこそ、日本には大国として、自信をもって行動していただきたいと願っている。

台湾が海外で「台湾」を名乗れない不条理

その後、台湾の外交部（外務省）は2021年11月18日、リトアニアの首都ビリニュスに代表機関を開設したと発表した。名称は「駐リトアニア台湾代表処」とし、欧州に置く代表機関として初めて名称に「台湾」を用いた。2022年11月7日には、リトアニアも台湾に在台貿易事務所を開設している。

台湾の海外事務所の名称に「台湾」を冠することを中国は強く非難してきた。国家承認に準じるイメージを与え、「一つの中国」という主張に反する、と懸念してのことだ。中国側からの抗議を受け、相手国が名称を「台北」などと都市名に縮小するよう求め、台湾側も現実的にその要求に従ってきたのが実情だった。

その意味からも、日本の対台湾窓口機関が1972年から使ってきた曖昧な名称「交流協会」を、2017年1月に「日本台湾交流協会」と明確化し、事実上、格上げしたことは一歩前進だった。同年5月、台湾側も「亜東関係協会」を「台湾日本関係協会」に変更した。台湾が「台湾」を名乗れない不条理は少しずつ、解消されつつある。

東アジア和平に日米台の連携は不可欠だ

（初出　2021年9月30日付　産経新聞朝刊）

《中国と台湾は2021年にそれぞれ、環太平洋戦略的経済連携協定（TPP）加入を正式申請した》

台湾によるTPP加入への申請で、日本の数多くの閣僚や国会議員、各界から「歓迎」「支持」との反応をいただけたことに感謝している。台湾にとって対日関係がいかに重要か、改めて証明された。

台湾はすでに正式加盟している世界貿易機関（WTO）と同じく、ひとつの独立した関税地域としてTPPに加入を求めている。過去2年間、日本を含むTPP加盟国に置かれている台湾の在外公館は、TPP加入のための情報収集を綿密に行ってきた。

その上で関連法の整備など準備を進めている。時期は重なったが、中国の申請時期などと、直接的な関係はない。

21年のTPP議長国が台湾に友好的な日本であることも、今回の正式申請の背景のひとつだった。TPPを代表する先進国として、日本に台湾のTPP加入のための作業部会設置を主導していただき、加盟への道筋をつけてもらえることに期待している。22年以降もその道筋に沿い、台湾は日本に協力しながら努力を続けたい。

《台湾のTPP加盟申請には中国が反発している》

TPP加入は加盟国の全会一致が条件だ。万一、中国が先にTPPに加入すれば台湾は苦しい立場になる。一方、自由貿易の度合いなど、中国はTPPが求めるレベルとは距離がある。注目すべき中国の動きで2点を考えている。

まず、中国は日米やオーストラリアなどとの外交、貿易での対立解消や、自国の国有企業への優遇撤廃といった歩み寄りの姿勢をみせ、TPP加入基準を満たす政策改善の意思があるかどうかという点。

次に、中国の真の狙いがTPPの求める自由貿易の実現にあるのか、あるいは単に台湾の加入妨害という政治目的なのか、という見極めだ。

《国際社会では「台湾」の存在感が一段と増している》

台湾は民主主義の制度、完全な市場経済で、日本や米国、欧州などと価値観を共有している。TPPに限らず、台湾は国際社会に対しさらに貢献していきたい。一方、存在感が高まれば高まるほど、台湾海峡や周辺で何らかの「有事」を懸念する声が強まりそうだ。

武力攻撃など不測の事態が発生した場合、米軍や日本の介入を阻止しようとする勢力が、台湾に近い沖縄にある米軍基地への攻撃を行わないとも限らない。九州や本州に何カ所も米軍基地があり、日本にとっても台湾有事は人ごとではないはずだ。

米中対立と「新冷戦」の状況下、台湾も日本も安全保障上の最前線となる「第一列島線」に位置している。日米は安全保障条約を結ぶ立場で、台湾はここにも貢献できるはずだ。

まず、防災や災害救助で日米台が共同訓練を行うグローバル協力訓練枠組み（GCTF）などで連携体制を整え、将来的に日本の自衛隊も含む安全保障で共同訓練や演習に道を開くことができたらと願っている。

《日米台の連携が東アジア和平のカギになっていると》

この数十年、東アジアで経済発展が続いたのは、戦争なき和平が続いたからだろう。台湾が米国から武器を調達するのは自主防衛の決意を示すためだ。

国際対話で武力衝突を回避するためにも、日米台の協力と連携は欠かせない。とりわけ地政学上、「運命共同体」である隣人の台湾と日本の信頼関係をいかに深めていくか。命ある限り、私の奮闘は続く。

あとがき

強権主義時代の台湾で、あらゆる反政府活動が厳罰に処されていた戒厳令下の1979年12月に起きた民主化要求デモ「美麗島事件」から44年が経過した。この民主化要求デモを率いたリーダーのひとり、姚嘉文が逮捕され、軍事裁判にかけられたとき、弁護士として法廷に立ったのが謝長廷だった。このとき謝長廷は、まだ30代の若さだ。

戦後台湾を支配した中国大陸由来の政党、中国国民党の蔣介石、蔣経国という強権主義の中華王朝が続いていた時代だった。もちろん言論の自由もなく、政権への批判は重罪だ。離島の刑務所での重労働や、死も覚悟しなければいけなかった。現在も中国やロシアなど、強権主義国家で続いている事態が、当時の台湾には残っていた。

なぜ謝長廷はそのとき、自分や家族まで政治リスクにさらされる懸念をおして、この事件の弁護を引き受けたのだろうか。謝長廷の回想が本書の第7章に示されている。

「私が強く思っていたのは、引き受けるのは姚（嘉文）氏個人の弁護ではなく、（台湾の）民主化要求デモという事件そのものの弁護であり、被告は姚氏ではなく、台湾の民主化運動だということだった。台湾の民主化運動が有罪かどうかを問うたのだ」

きれいごとや後付けの理屈ではない。謝長廷は行動で、それを証明している。このとき国民党政権下の軍事法廷において、有罪判決は免れられなかったが、弁護士として台湾民主化要求の運動を擁護し、民主主義を勝ち取る闘いがこのとき、始まった。

第8章でその後のストーリーが描かれる。美麗島事件をきっかけに、台湾で民主化を求める勢力が水面下で力を合わせ始めた。国民党一党支配に終止符を打とうと、謝長廷らは1986年12月の立法委員（国会議員）選挙を控えた9月28日、電撃的に台湾初の野党、民主進歩党の結党を台北で発表した。謝長廷はこう話している。

「野党は当時〝秘密結社〟のようなもの。美麗島事件で逮捕された人物や弁護士ら民主化を求めるメンバーは、極秘裏に準備を進め、事前に情報は漏れなかった。いまだから明かせるが、この日、私は『遺書』を書いて妻に渡していた。妻との約束を破って、政治活動に乗り出してしまったのだ。仮に摘発され政治犯となって処刑されたとしても、戦後の台湾で初めての野党、民進党が1日でも存在した、との記録が台湾史に刻まれればいいとまで思い詰めていた」

1986年の当時、日本はバブル景気に向かって経済繁栄を謳歌していた時期だ。株式や不動産が高騰を続け、人々は海外旅行に出かけてブランド品を買いあさり、高価なワインが飛ぶように売れ、若者はディスコで夜を徹して踊った。企業業績は過去最高を更新し続け、株価は高騰。国内はもちろん欧米でも高額な不動産や、有名企業を次々と買収していた。米社会学者エズラ・ボーゲルが著書「ジャパン・アズ・ナンバーワン」で描いたイメージにこのころ、日本人の誰もが酔っていた。

民主化が進んだ現在の台湾からは想像もつかないが、わずか37年前、そんな浮かれた日本とは別世界の人権弾圧の暗黒社会がなお、台湾社会を覆っていた。このときの台湾民主化要求運動が、政治犯として投獄され、処刑されるリスクがあったことを、いまここに改めて強調しておきたい。命をかけて、家族に遺書まで残し、それでも強権主義に立ち向かった数多くの人々が、この時代の台湾にいた。

謝長廷と同じく、美麗島事件をめぐる軍事法廷で弁護を引き受けた弁護士は、2000年に総統に就任した陳水扁《ちんすいへん》や、2023年1月まで4年間、行政院長（首相）を務めた蘇貞昌《そていしょう》らもそうだ。こうした人物を突き動かしたのは「民主主義社会への渇望」であった。

2023年1月31日、民進党の蔡英文政権1期目（2016~2020年）で副総統を務めた陳建仁《ちんけんじん》を行政院長（首相）とする新内閣が発足した。蘇貞昌内閣の総辞職を受け、2024年1月の次期総統選に向け、政権の立て直しを図る。閣僚の多くは留任した。行政院長の任命権をもつ総統の蔡英文は、「新型コロナ禍からの回復に向けて新たな段階に入り、台湾が長期的な平和と安定を保つには、今後1年間がカギだ」と強調した。

かつて国民党を内部から改革した李登輝政権が憲法改正にこぎ着け、台湾史上初めて、有権者一人一人による直接投票で総統と副総統を決める総統選が実施されたのは1996年3月のこと。米大統領と同じく4年に一度、しかも同じ年に選挙がある。台湾では過去7回の総統選のうち、3回で政権交代劇が起きた。1996年以降、国民党も民主党も、2期8年を超えて政権を維持し続けた政党はない。有権者の審判は厳しい。

内政が争点だった2022年11月の統一地方選で、台北市長など主な首長の選挙で政権党の民進党は敗北を重ねた。責任を取って蔡英文は民進党主席（党首）の座を降り、現副総統の頼清徳に後を委ねた。史上8回目となる2024年1月の次期総統選では、台湾の防衛や安全保障、外交といった中長期的な国家戦略に争点が移る。

総統の蔣経国が急死した1988年1月13日、副総統だった李登輝が憲法の規定で総統に昇格してから、このあとがきを書いている時点で、まだ35年。されど、民主主義がここまで浸透してきた台湾社会が示す次の投票行動に、世界が注目している。

2000年に台湾史上初の民主的な政権交代が起き、民進党による陳水扁政権がスタートした。その2期目の時期に行政院長を歴任し、さらに2008年の総統選に民進党総統候補として出馬した謝長廷。淡江大学准教授の廖雨詩がインタビューで指摘したように、このとき知日派の謝長廷が勝利していれば、台湾と日本の関係、そして米国や中国との関係も、ずいぶん変わっていただろう。ただ、２００８年の民進党から国民党への政権交代も、民主主義社会を勝ち取った台湾の人々による直接投票の結果であった。

謝長廷が美麗島事件をめぐって問うた「台湾民主化運動が有罪かどうか」との軍事法廷での闘い、そして非合法だった野党の結党で「初めての野党が1日でも存在した、との記録が台湾史に刻まれればいい」とまで思いつめた民主化への闘い。この時代の人々の信念と行動があって初めて、現在の平和で安定した民主社会が台湾にある。

謝長廷が敬愛する京都大学と台湾大学の先輩、李登輝が好んで使った言葉は「誠實自然《せいじつじねん》、実践躬行《じっせんきゅうこう》」だ。誠の精神でありのまま、自然体で生き、実際に自らが行動で示す、という意味だ。人を批判することは容易い。しかしこの理念を言葉通り、命がけで、人生をかけて貫き通すことは容易ではない。

謝長廷にスポットライトを当てた2021年9月の「話の肖像画」連載では、当時在籍していた産経新聞で、編集局や論説委員室を始め、数多くの方々の力をお借りした。連載に加え今回、大幅に加筆修正するにあたっても、台北駐日経済文化代表処のみなさまには、さまざまな史料を提供していただくなど、ご協力を得た。書籍化では産経新聞出版の方々にも無理を言って、ギリギリの日程で発刊にこぎ着けていただいた。

みなさまへ感謝の意をここに表したい。いわば、日本と台湾、そして東アジアの安定と繁栄を願う一人一人の力の結集が本書である。

謝長廷の言うように、「日本と台湾は運命共同体であるだけでなく、平和共同体でもある。平和こそが国際社会における核心的利益」だ。民主主義社会が危機にさらされている今こそ、日本と台湾から、「誠實自然、実践躬行」していかねばならない。

２０２０年7月30日に身罷られた李登輝元総統、２０２２年7月8日に暗殺テロの凶弾に倒れた安倍晋三元首相には、われわれの力の限りの奮闘を、ずっと天から見届けていただきたい。

本書が一人でも多くの日本人、台湾人、そして民主主義を求めるすべての国際社会の人々に届くことを願っている。本書を台湾の民主化に人生をささげたすべての方々に捧げます。本当にありがとうございました。

２０２３年3月13日

河崎眞澄

【写真】　断りのないものは産経新聞社
【装幀・本文組版】　星島正明

河崎眞澄（かわさき・ますみ）

東京国際大学国際関係学部教授。1959年東京都練馬区生まれ。日本大学藝術学部放送学科卒。1987年産経新聞入社。1995～1996年にシンガポール国立大学華語研究センターに派遣留学。経済部記者、外信部記者などを経て2002～2006年に台北支局長、2008～2018年に上海支局長。2015年から論説委員兼務。東京本社に帰任し、論説委員兼特別記者。2022年から現職。著書に『李登輝秘録』（産経新聞出版、2020年）、『還ってきた台湾人日本兵』（文藝春秋、2003年）。共著に『台湾有事どうする日本』（方丈社、2021年）のほか、『日本人の足跡』『闇の中の日中関係』（いずれも産経新聞ニュースサービス）、『食の政治学』『歴史戦』（いずれも産経新聞出版）など。

台湾民主化の闘士

謝長廷と台湾と日本

2023年4月12日　第1刷発行

著　　者　河崎眞澄
発 行 者　皆川豪志
発 行 所　株式会社産経新聞出版
　　　　　〒100-8077 東京都千代田区大手町1-7-2 産経新聞社8階
　　　　　電話　03-3242-9930　FAX　03-3243-0573
発　　売　日本工業新聞社
　　　　　電話　03-3243-0571（書籍営業）
印刷・製本　株式会社シナノ
　　　　　電話　03-5911-3355

ISBN978-4-8191-1425-7 C0095
